サッカー
ドリブル
解《かい》剖《ぼう》図《ず》鑑《かん》

相《あい》手《て》を抜《ぬ》くための
論《ろん》理《り》的《てき》思《し》考《こう》

三《み》笘《とま》 薫《かおる》

X-Knowledge

はじめに

ドリブルには抜《ぬ》ける理屈《りくつ》がある

僕《ぼく》はずっと子《こ》どもたちのヒーローになりたいと思《おも》ってがんばってきました。

かつての自分《じぶん》がそうだったように、目指《めざ》すべき選手《せんしゅ》がいることで、サッカーに夢中《むちゅう》になり、海外《かいがい》でプレーしたいと思《おも》う子《こ》どもが増《ふ》える。それが日本代表《にほんだいひょう》を強《つよ》くすることにもつながると思《おも》っているからです。

「どうすればドリブルがうまくなりますか？」とよく聞《き》かれます。

僕《ぼく》のドリブルには抜《ぬ》ける理屈《りくつ》があると思《おも》っています。でもそれは偶然《ぐうぜん》できたことではなく、どうすれば抜《ぬ》けるのかを考《かんが》え続《つづ》け、練習《れんしゅう》を重《かさ》ねたからできるようになったものです。

最初《さいしょ》は憧《あこが》れの選手《せんしゅ》の真似《まね》でもいいと思《おも》います。僕《ぼく》も昔《むかし》はそうでした。でも、少《すこ》しずつでもサッカーの原理原則《げんりげんそく》や自分自身《じぶんじしん》のことをしっかり探究《たんきゅう》して、「どうやったらうまくなるのか？」「どうすれば勝《か》てるのか？」自分《じぶん》で考《かんが》えて追求《ついきゅう》できるようになって欲《ほ》しいと思《おも》っています。

だから、この本《ほん》には僕《ぼく》の技術《ぎじゅつ》だけでなく、どういうことを考《かんが》えてプレーしているのか、どういう意図《いと》をもって駆《か》け引《ひ》きをしているのか、本《ほん》質《しつ》のところまで伝《つた》えるようにしています。

本当《ほんとう》は秘密《ひみつ》にしたいところもありますが（笑）、サッカーの奥深《おくぶか》さに触《ふ》れてこそ世界《せかい》は広《ひろ》がるはずです。

ちなみに僕《ぼく》が子《こ》どもの頃《ころ》に憧《あこが》れた選手《せんしゅ》の1人《ひとり》はネイマール選手《せんしゅ》でした。彼《かれ》がボールを持《も》つとワクワクしますよね。僕《ぼく》もそんな何《なに》をするかわからない選手《せんしゅ》になりたいと思《おも》って挑戦《ちょうせん》を続《つづ》けています。

ドリブルは僕《ぼく》の大切《たいせつ》な武器《ぶき》ではありますが、それだけに頼《たよ》っていては厳《きび》しくなります。実際《じっさい》、日本《にほん》で通用《つうよう》したドリブルが海外《かいがい》ではスピードの違《ちが》いなどで止《と》められることもありました。世界《せかい》で活躍《かつやく》するにはパス、シュート、クロス、何《なん》でもできる選手《せんしゅ》になる必要《ひつよう》があります。

失敗《しっぱい》をおそれず、磨《みが》き続《つづ》けることで武器《ぶき》は本物《ほんもの》になります。

サッカーを楽《たの》しんで、ワクワクする気持《きも》ちを大事《だいじ》にしてください。バランスのとれた食事《しょくじ》で必要《ひつよう》な栄養《えいよう》をとり、質《しつ》の高《たか》い睡眠《すいみん》をしっかりとることも大切《たいせつ》です。

1日《にち》1日《にち》を大切《たいせつ》に。みんなで世界《せかい》を目指《めざ》しましょう。

三笘《みとま》 薫《かおる》

三《み》笘《とま》薫《かおる》の解《かい》剖《ぼう》図《ず》鑑《かん》

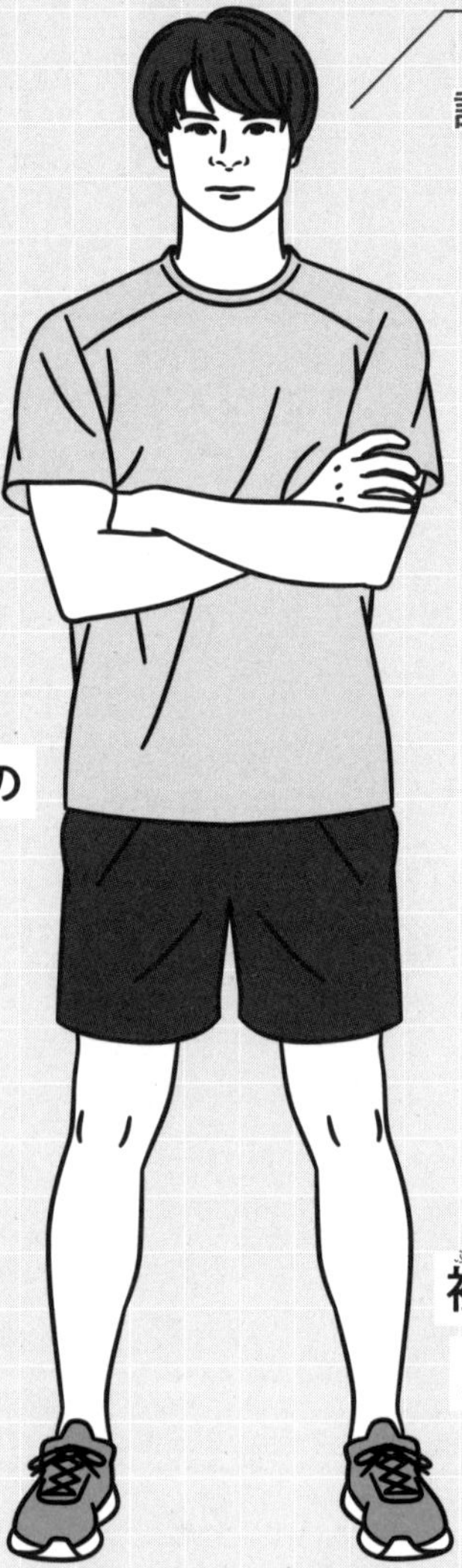

Profile

名前《なまえ》	三笘《みとま》 薫《かおる》
身長《しんちょう》・体重《たいじゅう》	178cm・73kg
生年月日《せいねんがっぴ》	1997年《ねん》5月《がつ》20日《か》
利《き》き足《あし》	右足《みぎあし》
足《あし》のサイズ	27.5cm
視力《しりょく》	コンタクトをつけて1.0
血液型《けつえきがた》	O型《がた》
名前《なまえ》の由来《ゆらい》	生《う》まれた月《つき》（初夏《しょか》）の季語《きご》である「風薫《かぜかお》る」から両親《りょうしん》が命名《めいめい》
子《こ》どもの頃《ころ》に目標《もくひょう》とした選手《せんしゅ》	クリスティアーノ・ロナウド、ネイマール、メッシ、中村憲剛《なかむらけんご》

僕《ぼく》の脚《あし》は内股気味《うちまたぎみ》でアウトサイドでのタッチやキックをスムーズに行《おこな》える利《り》点《てん》があります。スライド型《がた》のドリブルやアウトサイドのクロスの特長《とくちょう》にもなっています。みんなも自分《じぶん》の体《からだ》に合《あ》ったプレースタイルを追求《ついきゅう》してください

CONTENTS

CHAPTER 3 縦《たて》突破《とっぱ》の「裏《うら》」としてのカットイン

CONTENTS

CHAPTER ❹ 理《り》詰《づ》めの切《き》り返《かえ》し

CHAPTER 5 舞《ぶ》台《たい》を作《つく》るパスの受《う》け方《かた》

CONTENTS

構成《こうせい》　西部謙司《にしべけんじ》
ブックデザイン　狩野聡子《かのうあきこ》(tri)
イラストレーション　内山弘隆《うちやまひろたか》
撮影《さつえい》　山本雷太《やまもとらいた》
協力《きょうりょく》　(株) Athlete Solution
カバー写真提供《しゃしんていきょう》　PUMA Japan
編集《へんしゅう》　森哲也《もりてつや》(エクスナレッジ)
印刷《いんさつ》　シナノ書籍印刷《しょせきいんさつ》

CHAPTER

1

突破《とっぱ》への序章《じょしょう》

本章《ほんしょう》で三笘《みとま》が解説《かいせつ》するボールの持《も》ち方《かた》や運《はこ》び方《かた》には
独特《どくとく》の特徴《とくちょう》がある。
それは彼《かれ》が自分《じぶん》の体《からだ》の特性《とくせい》やサッカーの原理原則《げんりげんそく》を考《かんが》え抜《ぬ》き、
「最適解《さいてきかい》」を求《もと》めて不断《ふだん》の努力《どりょく》を重《かさ》ねてきた結果《けっか》だ。
ゆえに三笘《みとま》のプレーは彼《かれ》にしかできないだろう。
だが、真《しん》に学《まな》ぶべきは飽《あ》くなき探究心《たんきゅうしん》にあるはずだ。
彼《かれ》の言葉《ことば》とともにサッカー探究《たんきゅう》の旅《たび》に出《で》よう。

LESSON 1

軸足《じくあし》リードの基本姿勢《きほんしせい》

原理原則《げんりげんそく》を考《かんが》え抜《ぬ》き自分《じぶん》の形《かたち》を確立《かくりつ》する

2023-24プレミアリーグ第《だい》2節《せつ》、ウォルバーハンプトンVSブライトンで三笘薫《みとまかおる》の素晴《すば》らしいゴールが記録《きろく》された。

15分《ふん》、左《ひだり》サイドでDFと対峙《たいじ》した三笘《みとま》はカットインで内側《うちがわ》へ持《も》ち出《だ》して1人目《ひとりめ》を外《はず》す。右足《みぎあし》アウトサイドのプッシュで外《はず》した直後《ちょくご》にインサイドで触《さわ》ってドリブルのコースを修正《しゅうせい》。背後《はいご》からつかみにきた相手《あいて》を振《ふ》り切《き》って力強《ちからづよ》く前進《ぜんしん》。さらにカバーに来《き》

図《ず》1 三笘《みとま》のドリブル技術《ぎじゅつ》が凝縮《ぎょうしゅく》された4人抜《にんぬ》きゴール

4人《にん》の敵《てき》を抜《ぬ》き去《さ》り最後《さいご》はゴールキーパー(GK)との1対《たい》1を制《せい》して決《き》めたゴールはプレミアリーグの年間最優秀《ねんかんさいゆうしゅう》ゴールにノミネートされた。

←さらにくわしい図《ず》はp.18～19に掲載《けいさい》

た相手《あいて》に対《たい》してスピードアップして面前《めんぜん》を通過《つうか》すると、ＧＫの前進《ぜんしん》の隙《すき》をついて右隅《みぎすみ》へ冷静《れいせい》なシュートを流《なが》し込《こ》んだ。

この4人抜《にんぬ》きのゴールは23-24シーズンにおけるブライトンのベストゴールに選出《せんしゅつ》され、8月《がつ》のリーグ月間《げっかん》最優秀《さいゆうしゅう》ゴールにも選《えら》ばれた。年間最《ねんかんさい》優秀《ゆうしゅう》ゴールにもノミネートされた衝撃的《しょうげきてき》なゴールである。

スピード感満点《かんまんてん》の三笘《みとま》らしいゴールだが、ドリブル技術《ぎじゅつ》のベースになっているものがよく表《あらわ》れたシーンでもあった【図《ず》1（くわしい図《ず》は18〜19ページ】。

――凄《すご》いゴールでしたね。

三笘《みとま》　動画《どうが》で見《み》てもよくわからないかもしれませんが、**ボールの位置《いち》が一定《いってい》になっている自分《じぶん》らしいドリブル**だったと思《おも》います。

――ボールの持《も》ち方《かた》ですか？

三笘《みとま》　**相手《あいて》に近《ちか》づいたとき、体《からだ》の重心《じゅうしん》の下《した》にボールを置《お》きます**【図《ず》2】。

――いわゆる軸足《じくあし》リードですね。

三笘《みとま》　体《からだ》の前《まえ》にボールを置《お》く選手《せんしゅ》もいますが、僕《ぼく》は体《からだ》の下《した》にボールを置《お》く感《かん》じになります。左足《ひだりあし》を前《まえ》に出《だ》して、ボールは左足《ひだりあし》より後方《こうほう》、右足《みぎあし》の前《まえ》です。この方《ほう》が相手《あいて》からボールが遠《とお》くなるので。

――軸足《じくあし》リードの利点《りてん》を教《おし》えてください。

三笘《みとま》　先《さき》ほど言《い》ったようにボールが相手《あいて》から遠《とお》い。そしていつでもすぐに触《さわ》れる。このゴールシーンでもカットインした後《あと》、後方《こうほう》から2人《ふたり》が来《き》て、そこで加速《かそく》するときに少《すこ》しタメているのですが、このときの持《も》ち方《かた》が僕《ぼく》の形《かたち》になっています。**右足《みぎあし》でボールを押《お》し出《だ》していますが、そのまま右足《みぎあし》を前《まえ》に出《だ》して走《はし》れるので加速《かそく》しやすく、ボールもあまり体《からだ》から離《はな》れないんです。**もし、右足《みぎあし》が前《まえ》にある状態《じょうたい》でボールをプッシュすると、右足《みぎあし》がそこで止《と》まってしまうのでその間《あいだ》にボールが離《はな》れてしまい、次《つぎ》のタッチまでに少《すこ》し時間《じかん》がかかります。

――少《すこ》し大《おお》げさに言《い》えば、ボールを引《ひ》きずっていくようなドリブルですね。

三笘《みとま》　小学生《しょうがくせい》のころ、この持《も》ち方《かた》のドリブルはすごく練習《れんしゅう》しました。左足《ひだりあし》がボールより前《まえ》、右足《みぎあし》で引《ひ》きずるような感《かん》じで運《はこ》びます。そのまま右《みぎ》へ、左《ひだり》へ、右回《みぎまわ》りのターン、左回《ひだりまわ》りのターンと、ボールと一緒《いっしょ》にスムーズに動《うご》けるように前後左右《ぜんごさゆう》にドリブルする練習《れんしゅう》ですね。

――ボールに触《さわ》るのはどのあたりで

すか。

三笘《みとま》　**最初《さいしょ》にセットするときは【図《ず》2】のように右足《みぎあし》の内側《うちがわ》にボールを置《お》きます。**これも個人差《こじんさ》があると思《おも》いますが、自分《じぶん》はこれが右《みぎ》にも左《ひだり》にもボールを動《うご》かしやすい場所《ばしょ》ですね。そこから**まっすぐ運《はこ》ぶ場合《ばあい》はインステップとアウトサイドの中間《ちゅうかん》くらいの部分《ぶぶん》でボールに触《さわ》ります**【図《ず》3】。僕《ぼく》は世界《せかい》のトップレベルに比《くら》べるとそこまで速《はや》くないので、ボールを運《はこ》ぶときになるべく動《うご》きのロスがないように**ボールタッチの足《あし》の形《かたち》がそのままランニングの形《かたち》になるようにしています。**

——かなり緻密《ちみつ》なんですね。

三笘《みとま》　**ボールを置《お》く位置《いち》を確立《かくりつ》できるとサッカーは上手《うま》くなります。**そこがブレないことが大事《だいじ》だと思《おも》います。

図2　軸足《じくあし》リードのボールの持《も》ち方《かた》

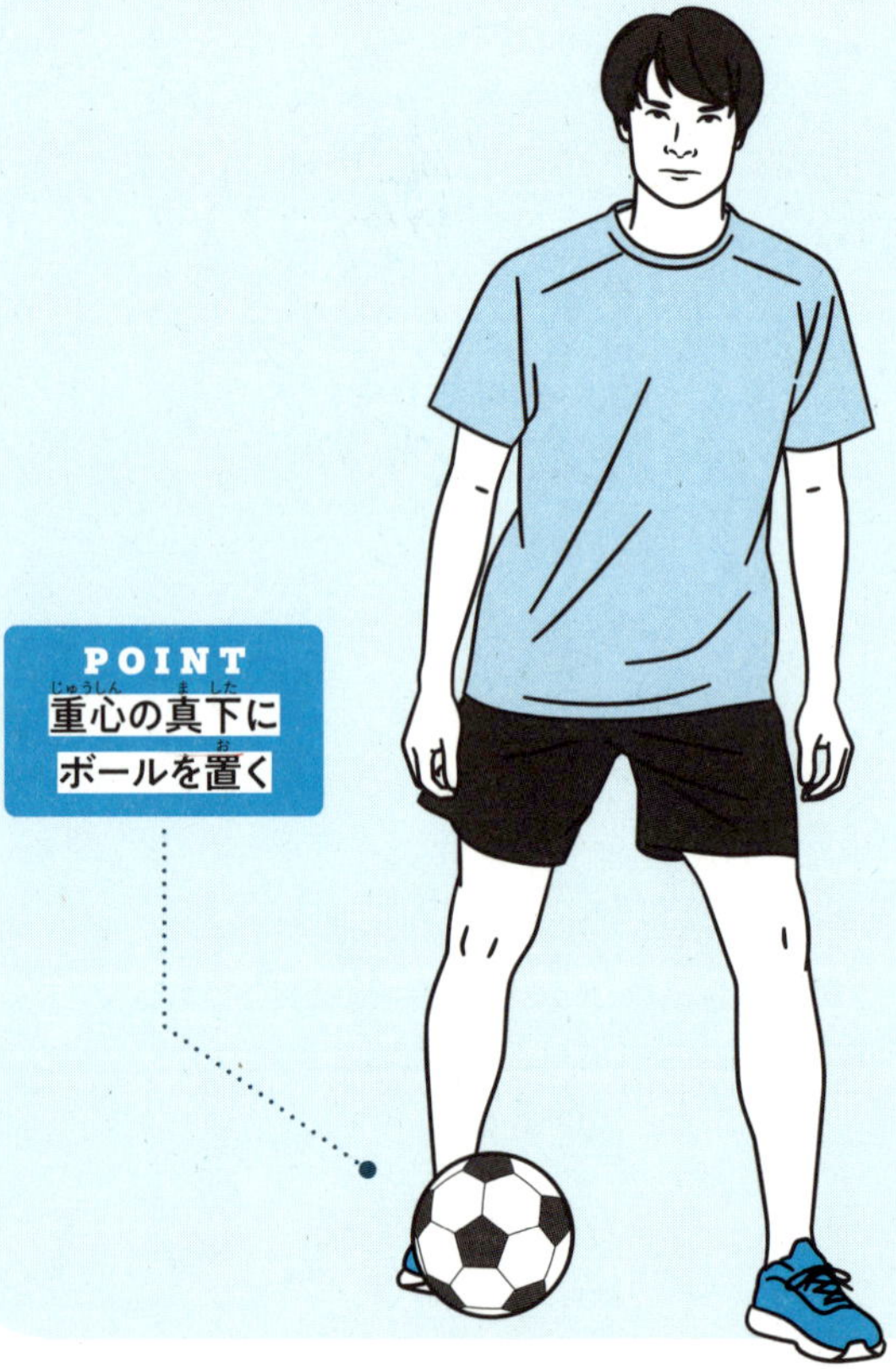

軸足《じくあし》（左足《ひだりあし》）を前《まえ》に出《だ》し、体《からだ》の重心《じゅうしん》の真下《ました》でボールを持《も》つ三笘《みとま》のドリブルの基本姿勢《きほんしせい》。最初《さいしょ》にセットするときは利《き》き足《あし》（右足《みぎあし》）の内側《うちがわ》にボールを置《お》く

——先《さき》ほど、軸足《じくあし》リードの運《はこ》び方《かた》でボールを引《ひ》きずるようなドリブルを練習《れんしゅう》されたということですが、このやり方《かた》だとスピードは上《あ》がりませんよね。

三笘《みとま》　この自分《じぶん》の形《かたち》にするのは相手《あいて》が近《ちか》づいたときです。スペースがあって相手《あいて》が遠《とお》ければボールを体《からだ》の前《まえ》に置《お》いたドリブルもします。ただ、先《さき》ほど言《い》いましたけど、体《からだ》の前《まえ》にあるボールを右足《みぎあし》でプッシュすると、ボールに触《ふ》れた直後《ちょくご》に右足《みぎあし》が重心《じゅうしん》の前《まえ》で着地《ちゃくち》するので、詰《つ》まる感《かん》じになってしまって加速《かそく》がしにくい。**ボールなしのスプリントで考《かんが》えればわかりやすいのですが、前《まえ》に踏《ふ》み出《だ》したら遅《おそ》くなります。着地《ちゃくち》は体《からだ》の真下《ました》の方《ほう》が走《はし》る力《ちから》を得《え》られます。**これも繰《く》り返《かえ》しになりますけどボールに触《さわ》る位《い》置《ち》が体《からだ》の下《した》だと、それだけ相手《あいて》から

図《ず》3　ボールの触《さわ》り方《かた》

まっすぐに進《すす》む場合《ばあい》はインステップとアウトサイドの中間《ちゅうかん》ぐらいの位置《いち》でボールにタッチ
カットインなどで右《みぎ》に進《すす》む場合《ばあい》はやや足首《あしくび》を寝《ね》かせる

遠《とお》くなる【図《ず》4】。そのぶん少《すこ》しですけど、相手《あいて》の様子《ようす》を見《み》ることができます。ボールを押《お》し出《だ》す途中《とちゅう》でも反《はん》応《のう》を見《み》て方向《ほうこう》を決《き》めることができます。

——スピードアップしながら体《からだ》の下《した》でボールに触《さわ》るのは難《むずか》しそうですね。

三笘《みとま》　はい。これはかなり難《むずか》しいです。練習《れんしゅう》して体《からだ》に覚《おぼ》え込《こ》ませるしかないです。意識《いしき》しなくてもできるようにしておかないといけません。自分《じぶん》の技術《ぎじゅつ》や体《からだ》に意識《いしき》があると、相《あい》手《て》を見《み》られませんからね。**どれだけボールを扱《あつか》うことから意識《いしき》を離《はな》すか。そのためには自分《じぶん》の形《かたち》を確立《かくりつ》しておく必要《ひつよう》があります。**

図《ず》4　軸足《じくあし》リードのボールの運《はこ》び方《かた》

利《き》き足《あし》(右足《みぎあし》)で引《ひ》きずるような姿勢《しせい》でボールを運《はこ》ぶ。「相《あい》手《て》からボールが遠《とお》くなる」「そのまま右足《みぎあし》を前《まえ》に出《だ》して走《はし》れるため加速《かそく》しやすくボールが体《からだ》から離《はな》れない」という利点《りてん》がある

LESSON 2

ボールの止《と》め方《かた》と置《お》き場《ば》所《しょ》

くるぶし近《ちか》くでボールを止《と》める

――ボールを運《はこ》ぶときは懐《ふところ》に入《い》れる感《かん》じですが、止《と》めるときはどうですか？

三笘《みとま》　運《はこ》ぶときと同《おな》じ位《い》置《ち》に置《お》くことが多《おお》いと思《おも》います。足《あし》の当《あ》てる場《ば》所《しょ》はちょうど足《あし》の真《ま》ん中《なか》あたり【図《ず》5】を使《つか》います。

――足《あし》のどのへんでボールを触《さわ》っていますか？

三笘《みとま》　触《さわ》る場《ば》所《しょ》は個《こ》人《じん》差《さ》があると思《おも》います。ボールが速《はや》いときは身《しん》体《たい》操《そう》作《さ》で当《あ》たる瞬《しゅん》間《かん》に力《ちから》を抜《ぬ》く。足《あし》を踏《ふ》み込《こ》むように当《あ》ててしまうと弾《はじ》いてしまうので、軸《じく》足《あし》を地《じ》面《めん》から抜《ぬ》くような感《かん》じで体《からだ》全《ぜん》体《たい》でボールの勢《いきお》いを吸《きゅう》収《しゅう》します。

図《ず》5　ボールの止《と》め方《かた》

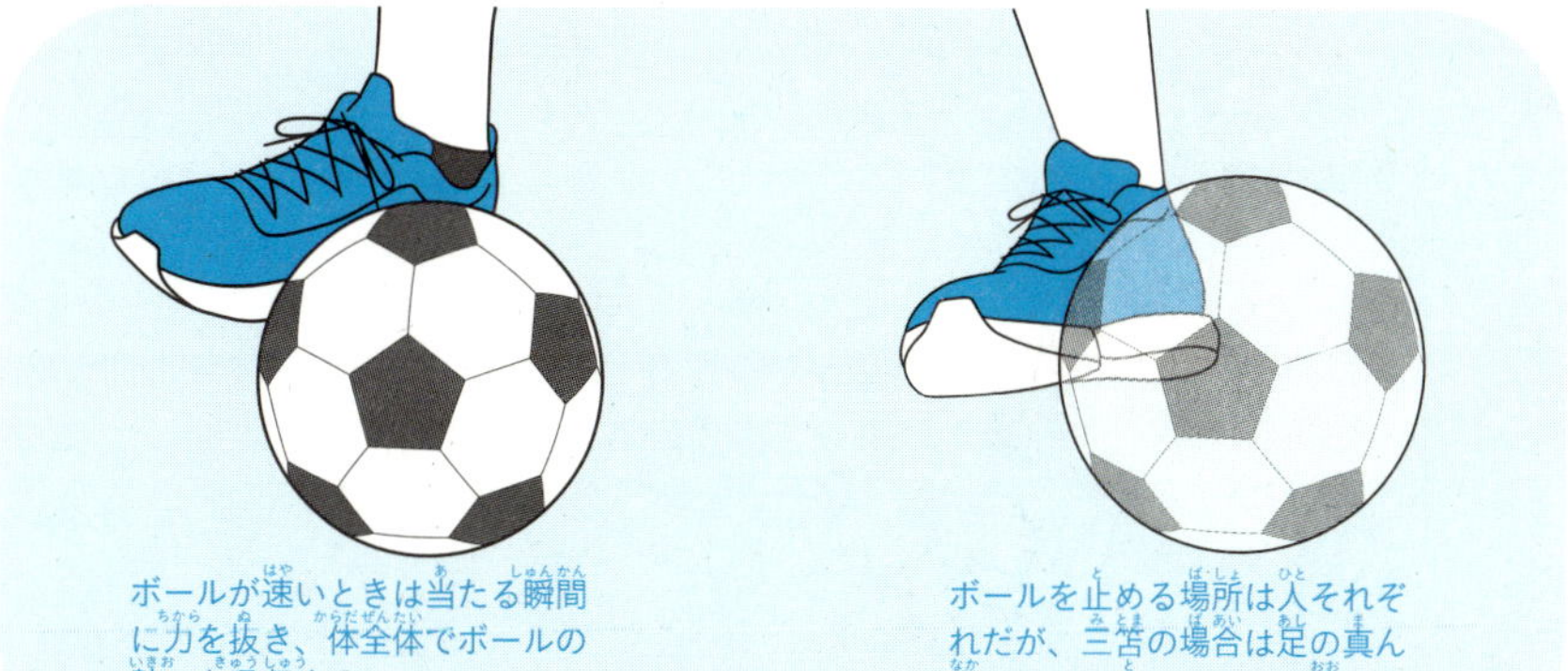

ボールが速《はや》いときは当《あ》たる瞬間《しゅんかん》に力《ちから》を抜《ぬ》き、体全体《からだぜんたい》でボールの勢《いきお》いを吸収《きゅうしゅう》する

ボールを止《と》める場所《ばしょ》は人《ひと》それぞれだが、三笘《みとま》の場合《ばあい》は足《あし》の真《ま》ん中《なか》あたりで止《と》めることが多《おお》い

三《み》笘《とま》劇《げき》場《じょう》｜再《さい》現《げん》シーン ❶

衝《しょう》撃《げき》の4人《にん》抜《ぬ》きゴール

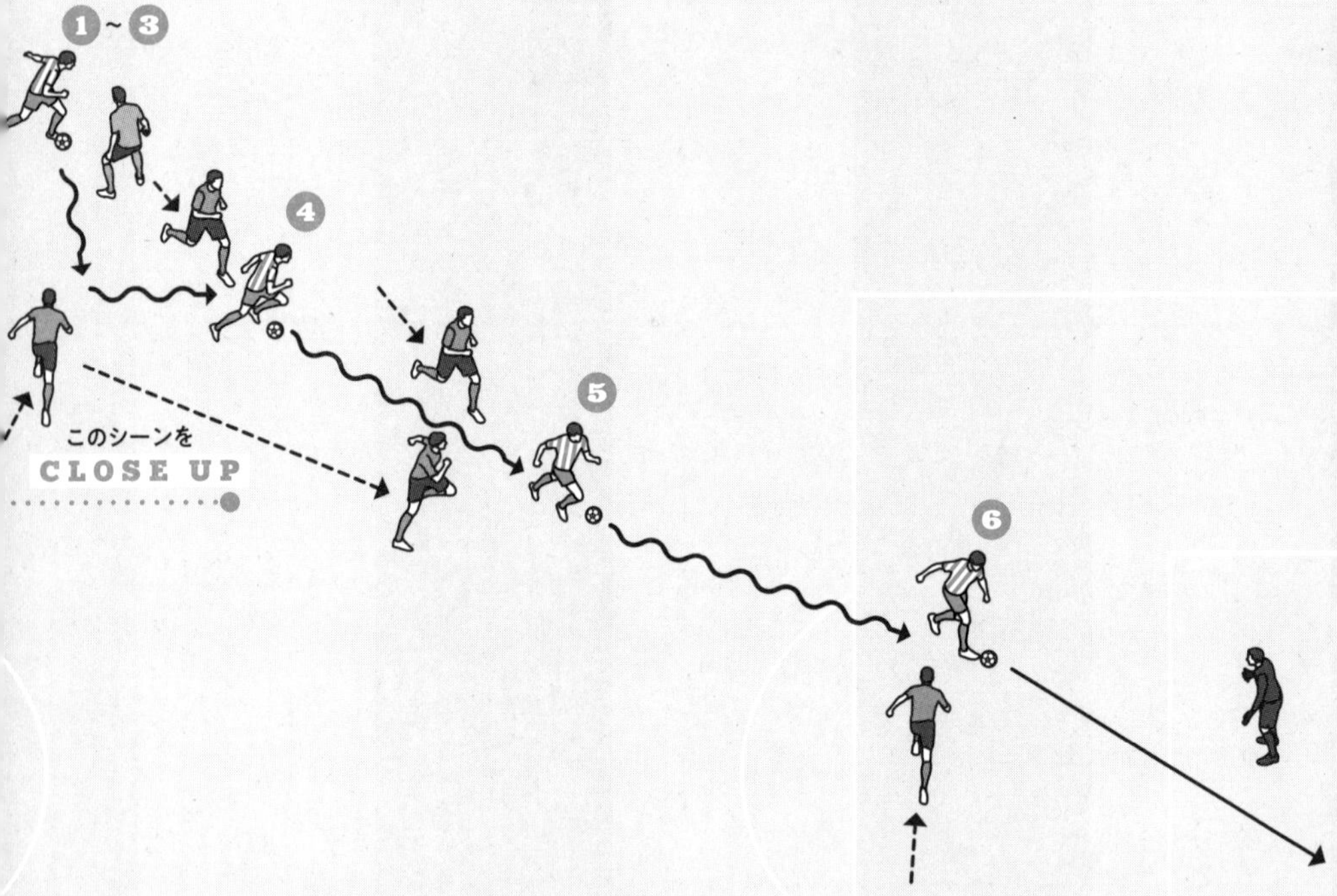

人《ひと》の動《うご》き
ボールの動《うご》き
ドリブル

MITOMA'S COMMENT

「後方《こうほう》からのパスを半身《はんみ》で受《う》けたあと、縦《たて》にも中《なか》にも行《い》ける体勢《たいせい》で相手《あいて》に選択肢《せんたくし》を複数見《ふくすうみ》せながら（❶）、右足《みぎあし》アウトで2タッチして縦《たて》に少《すこ》し運《はこ》びます（❷）。タッチは1回目《かいめ》と2回目《かいめ》でリズムを変《か》えています。ボールタッチは1回目《かいめ》より2回目《かいめ》を短《みじか》くしていて、2回目《かいめ》のタッチのすぐあとに右足《みぎあし》アウトで触《さわ》ってカットインしています（❸）。ここからゴールへ向《む》かっていくドリブルは自分《じぶん》らしく、体《からだ》の下《した》にあるボールにタッチしていますね（❹~❻）。タッチした後《あと》はボールが前《まえ》へ出《で》ますけど、タッチするときは常《つね》に体《からだ》の下《した》というイメージです。体《からだ》の下《した》に置《お》くことでボールが相手《あいて》から遠《とお》くなるのと、タッチした後《あと》の加速《かそく》がスムーズにできるメリットがあります」

2023年《ねん》8月《がつ》19日《にち》
プレミアリーグ第《だい》2節《せつ》
ウォルバーハンプトンvsブライトン
前半《ぜんはん》15分《ふん》

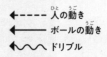

常《つね》に体《からだ》の下《した》でボールを扱《あつか》うことで方向転換《ほうこうてんかん》がスムーズに行《おこな》え、ボールも足《あし》もとから離《はな》れない。アウトサイドで運《はこ》ぶため加速《かそく》も速《はや》い

三笘《みとま》劇場《げきじょう》｜再現《さいげん》シーン ❷

ワープステップ ボールとともに瞬間《しゅんかん》移動《いどう》する技術《ぎじゅつ》

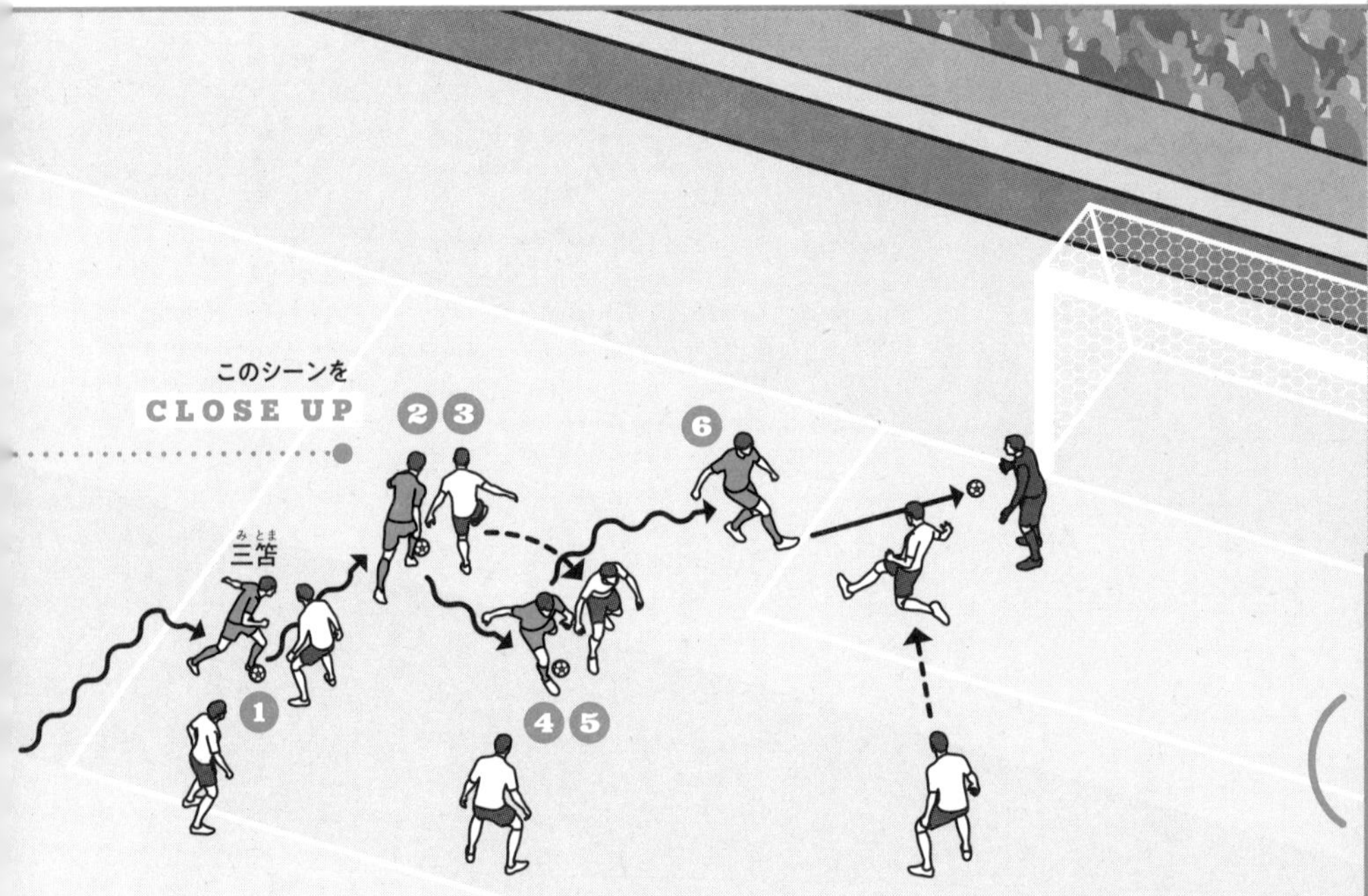

MITOMA'S COMMENT

「右《みぎ》へステップしてから（❶）、縦《たて》へ持《も》ち出《だ》して左《ひだり》足《あし》でシュートというイメージでした（❷）。ところが、DFが素早《すばや》く反応《はんのう》してきたので、内側《うちがわ》へコースを変《か》えています（❸）。これにもDFが反応《はんのう》してきたのですが、体《からだ》の向《む》きが逆《ぎゃく》になったので、もう1回《かい》コースを変《か》えて縦《たて》へ持《も》ち出《だ》しました（❹❺）。DFの背《せ》中《なか》側《がわ》を通《とお》っています。このへんはもう感覚《かんかく》なのですが、ボールが体《からだ》の下《した》にあるので相手《あいて》の動《うご》きの逆《ぎゃく》をとりやすく、ボールと体《からだ》の操作《そうさ》ができたのだと思《おも》います。ボールを置《お》く位置《いち》が確立《かくりつ》できていること。相手《あいて》が近《ちか》ければ近《ちか》いほど、体《からだ》の下《した》にボールを置《お》く効果《こうか》は出《で》やすいですね」

❷で縦《たて》、❸❹で中《なか》、❺で縦《たて》と相手《あいて》DFの逆《ぎゃく》をつきながらシュートまでいったシーン。一連《いちれん》の動作《どうさ》はとても速《はや》く、ワープしているようでスロー再生《さいせい》しないと何《なに》が起《お》きているのかわからないほど異次元《いじげん》。ペナルティエリアのDFが密集《みっしゅう》するスペースでこの抜《ぬ》き方《かた》ができるのは、常《つね》に足《あし》もとからボールを離《はな》さず、体《からだ》の下《した》で扱《あつか》える技術《ぎじゅつ》があるからだろう。まさに「アンダーコントロール」だ

←----- 人《ひと》の動《うご》き
←―― ボールの動《うご》き
←〜〜 ドリブル

2022年《ねん》12月《がつ》26日《にち》
プレミアリーグ第《だい》17節《せつ》
サウサンプトンvsブライトン
前半《ぜんはん》2分《ふん》

❶

右《みぎ》へステップを踏《ふ》んでから…

一度《いちど》右《みぎ》(中《なか》)へステップを踏《ふ》むことでDFの重心《じゅうしん》を後《うし》ろにする

❷

縦《たて》に持《も》ち出《だ》す

縦《たて》へ持《も》ち出《だ》してシュートのイメージもDFは素早《すばや》く反応《はんのう》してついてくる

❸

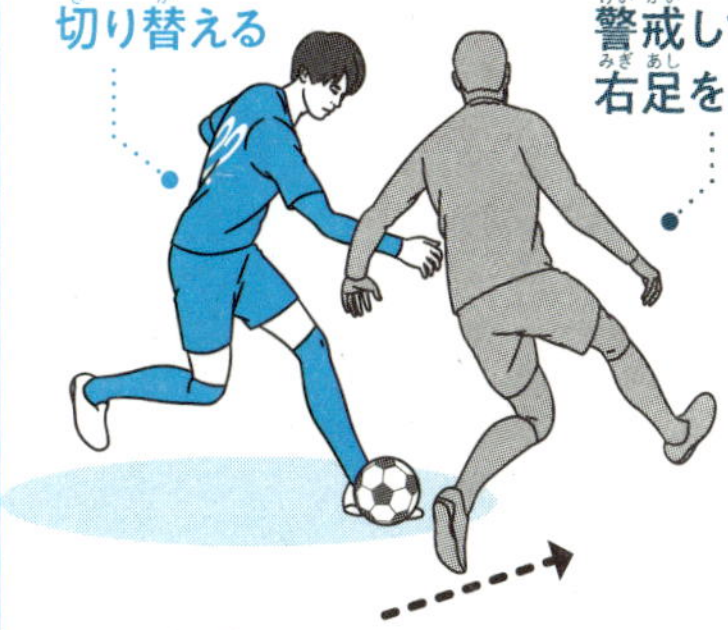
内側《うちがわ》へ進路《しんろ》を切《き》り替《か》える
シュートを警戒《けいかい》して右足《みぎあし》を出《だ》す

DFが対応《たいおう》してきたのでシュートをやめて内側《うちがわ》(中《なか》)へコースを変更《へんこう》。シュートモーションからそのまま左足《ひだりあし》で切《き》り返《かえ》したことでDFはシュートブロックの姿勢《しせい》をとってしまう

❹

逆《ぎゃく》をつかれて入《い》れ替《か》わられる

素早《すばや》く右足《みぎあし》でタッチして方向転換《ほうこうてんかん》を一瞬《いっしゅん》で完《かん》了《りょう》。宙《ちゅう》に浮《う》きながらの③左足《ひだりあし》→④右足《みぎあし》のインサイドを使《つか》った高速《こうそく》ダブルタッチはまるで瞬間《しゅんかん》移動《いどう》(ワープ)のよう

❺

もう一度《いちど》縦《たて》に持《も》ち出《だ》す
背中側《せなかがわ》を通過《つうか》されキリキリ舞《ま》いに

入《い》れ替《か》わられたDFが振《ふ》り向《む》いて必死《ひっし》に食《く》らいつくも今度《こんど》はまたその逆《ぎゃく》をついて縦《たて》に持《も》ち出《だ》す三笘《みとま》。DFの足《あし》の間《あいだ》にボールを通《とお》しながら背中側《せなかがわ》を通過《つうか》している

❻

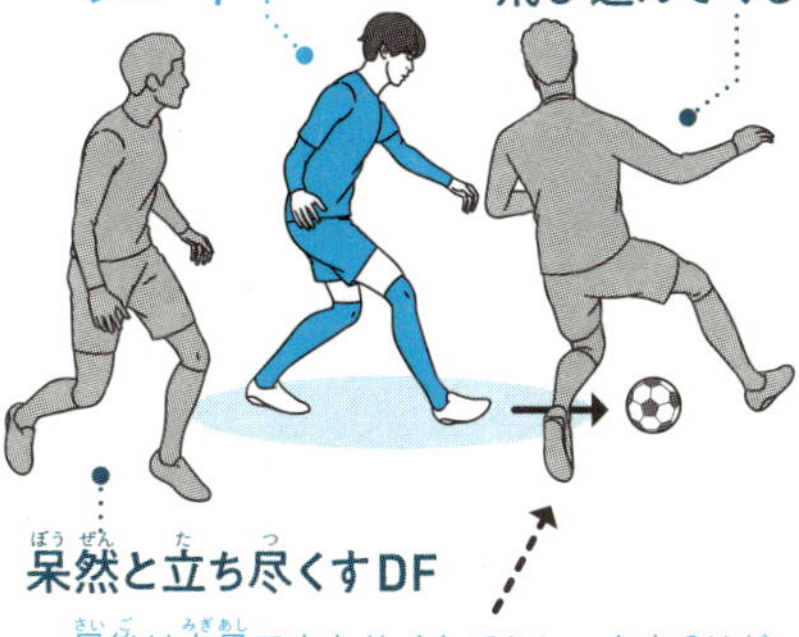
右足《みぎあし》アウトでシュート
カバーのDFが飛《と》び込《こ》んでくる

最後《さいご》は右足《みぎあし》アウトサイトでシュートもGKが辛《かろ》うじてブロック。常《つね》にボールを足《あし》もとから離《はな》さず体《からだ》の下《した》で扱《あつか》うことで瞬時《しゅんじ》の方向転換《ほうこうてんかん》が可能《かのう》になることがわかる一連《いちれん》のプレーだった

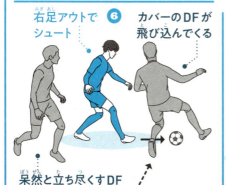

サッカーがうまくなる三笘《みとま》マインド

1

量《りょう》からヒラメキが生《う》まれる

1対《たい》1の練習《れんしゅう》は小学生《しょうがくせい》の頃《ころ》から数《かぞ》えきれないほどやってきました。ドリブルにこだわり始《はじ》めた高校《こうこう》・大学《だいがく》では毎日《まいにち》のように繰《く》り返《かえ》し繰《く》り返《かえ》し練習《れんしゅう》しました。

その積《つ》み重《かさ》ねで、この本《ほん》で紹介《しょうかい》したような技《わざ》は相手《あいて》と対峙《たいじ》したときに反射的《はんしゃてき》に出《だ》せるようになりました。いろんなシチュエーションを何度《なんど》も経験《けいけん》することで、相手《あいて》がどういう状況《じょうきょう》のときにどう仕掛《しか》ければ抜《ぬ》けるのか、体《からだ》に沁《し》み込《こ》んでいるからです。

実際《じっさい》の試合《しあい》では考《かんが》えている時間《じかん》はほとんどありません。とくに僕《ぼく》がプレーするプレミアリーグは、守備《しゅび》の寄《よ》せがとても早《はや》く一瞬《いっしゅん》の判断《はんだん》が求《もと》められます。相手《あいて》の動《うご》きに合《あ》わせて瞬時《しゅんじ》に体《からだ》が反応《はんのう》するぐらいでなければ上回《うわまわ》るのが難《むずか》しくなるんです。

僕《ぼく》のドリブルやフェイントは何《なん》十万回《じゅうまんかい》と1対《たい》1を積《つ》み重《かさ》ねた結果《けっか》だと思《おも》います。練習《れんしゅう》でできないことは試合《しあい》ではできません。逆《ぎゃく》に言《い》えば、どうすれば抜《ぬ》けるのか、考《かんが》え続《つづ》け、磨《みが》き続《つづ》けた蓄積《ちくせき》が試合《しあい》で必《かなら》ず出《で》るはずです。

CHAPTER

2

縦《たて》へぶっちぎるドリブル突破《とっぱ》

三笘《みとま》の真骨頂《しんこっちょう》である縦《たて》へのドリブル突破《とっぱ》。
彼《かれ》の説明《せつめい》を聞《き》けば、ただ「速《はや》い」から
抜《ぬ》けるわけではないことがよくわかる。
どうすれば抜《ぬ》けるのか。
どうすれば相手《あいて》を置《お》き去《ざ》りにできるのか。
そのすべてに理屈《りくつ》がある。
世界《せかい》を魅了《みりょう》する技術《ぎじゅつ》の秘密《ひみつ》に迫《せま》っていく。

LESSON 3

重心《じゅうしん》を錯覚《さっかく》させるボールの持《も》ち方《かた》

なぜ相手《あいて》は三笘《みとま》の重心《じゅうしん》を見誤《みあやま》るのか？

三笘《みとま》といえば、まず思《おも》い浮《う》かぶのがドリブル突破《とっぱ》だろう。その中《なか》でも、左《ひだり》サイドを縦《たて》にぶっちぎる突破《とっぱ》は三《み》笘《とま》の代名詞《だいめいし》ともいえるプレーだ。

タッチラインを背《せ》にＤＦと向《む》き合《あ》い、ほとんど動《うご》いていないような状《じょう》態《たい》からワンタッチでボールをＤＦの背後《はいご》へ出《だ》し、トップスピードで抜《ぬ》き去《さ》る。速度《そくど》ゼロから、いきなりトップギアへ移行《いこう》する落差《らくさ》がすさまじい。

この独特《どくとく》のドリブルを成立《せいりつ》させているのは三笘《みとま》のスピードが第一《だいいち》だが、

本来《ほんらい》なら「相手《あいて》」と「自陣《じじん》ゴール」を結《むす》ぶ線上《せんじょう》（点線《てんせん》）に立《た》つのが守備《しゅび》のセオリーだが、三笘《みとま》が後方《こうほう》の右《みぎ》足近《あしちか》くにボールを置《お》くことで、DFは右足《みぎあし》に重心《じゅうしん》があると錯覚《さっかく》し「ボール」と「自陣《じじん》ゴール」を結《むす》ぶ線上《せんじょう》に立《た》ってしまう

MITOMA'S VOICE

相手《あいて》に僕《ぼく》の重心《じゅうしん》を錯覚《さっかく》させることでドリブルで抜《ぬ》きやすい状況《じょうきょう》を作《つく》り出《だ》します

DFと速《はや》さが同《おな》じだとしてもほぼ勝《か》てる「形《かたち》」が存在《そんざい》することは見逃《みのが》せない。

「この形《かたち》になり、タイミングをずらせれば、ほぼ勝《か》てる自信《じしん》があります。決《き》め手《て》は、相手《あいて》の対応《たいおう》の仕方《しかた》になります」（三笘《みとま》）

まずは、突破《とっぱ》の前提《ぜんてい》になっているボールの持《も》ち方《かた》から聞《き》いてみた。

——左足《ひだりあし》が前《まえ》にあって、後方《こうほう》の右足《みぎあし》でボールを持《も》っていますね。

三笘《みとま》　このボールの持《も》ち方《かた》をしたときに、相手《あいて》は僕《ぼく》の重心《じゅうしん》を見誤《みあやま》ることが多《おお》い。**ボールのある場所《ばしょ》に重心《じゅうしん》があると思《おも》ってしまいがちで、ボールに正対《せいたい》しようとする**んです【図《ず》6】。

——三笘《みとま》さんの重心《じゅうしん》はボールよりも前《まえ》、左足《ひだりあし》に近《ちか》い位置《いち》です。DFの立《た》ち方《かた》の基本《きほん》として、相手《あいて》と自陣《じじん》ゴールを結《むす》んだ線上《せんじょう》に立《た》つというのがあ

図《ず》6　相手《あいて》が重心《じゅうしん》を見誤《みあやま》るボールの持《も》ち方《かた》

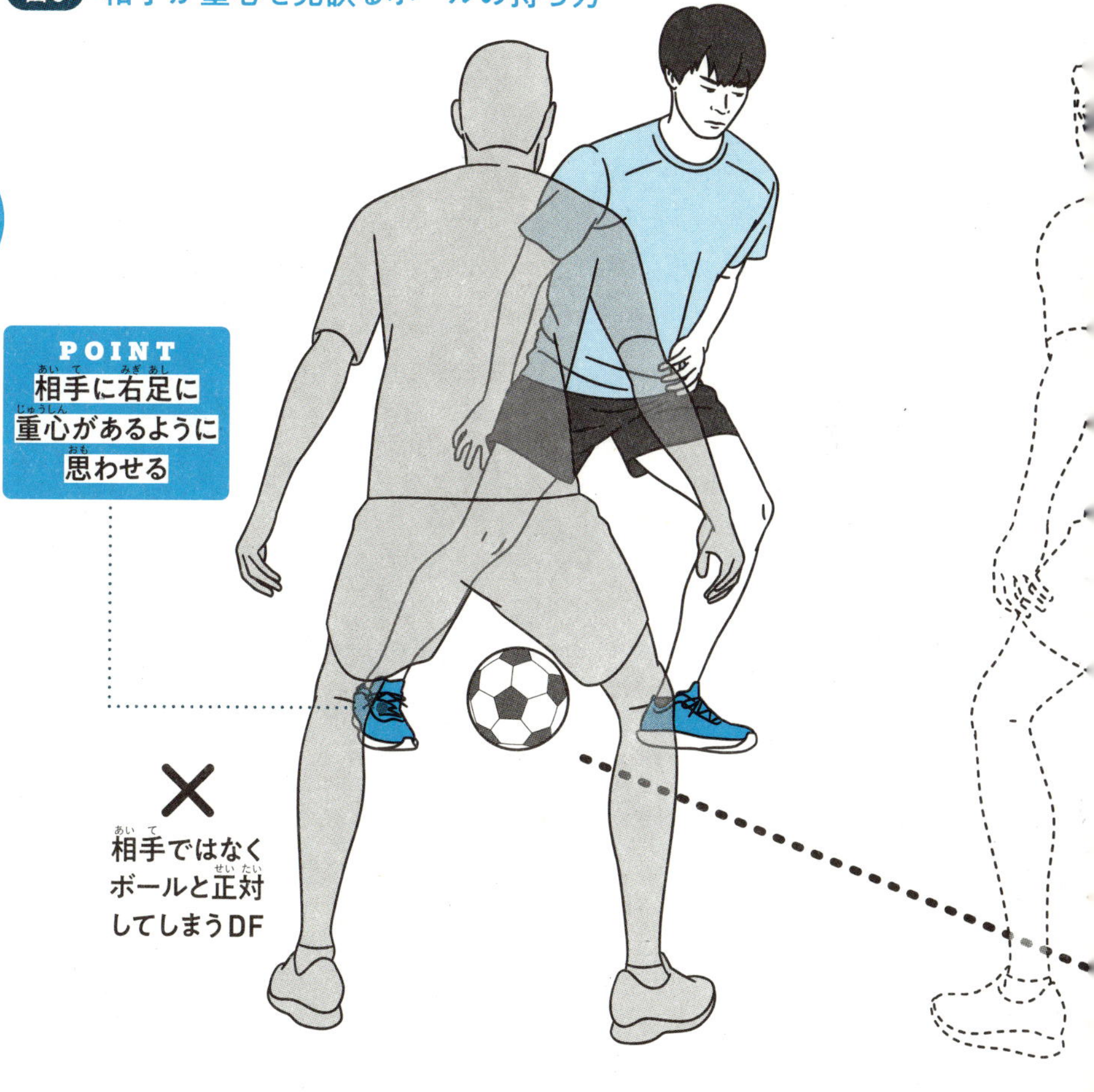

りますが、この場合《ばあい》だと「ボール」とゴールの線上《せんじょう》に立《た》ってしまうわけですね。そうすると、すでに左足《ひだりあし》が前《まえ》に出《で》ているぶん、三笘《みとま》さんの方《ほう》が半歩《はんぽ》ぐらい前《まえ》に出《で》ていることになりますから、ここからヨーイドンでスタートしても三笘《みとま》さんの方《ほう》がすでに半歩《はんぽ》か一歩《いっぽ》、前《まえ》に出《で》ている状態《じょうたい》からスタートすることになります【図《ず》7】。

三笘《みとま》　そうです。あとは仕掛《しか》けるタイミングですが、僕《ぼく》がボールを少《すこ》し動《うご》かすと相手《あいて》もそのぶん下《さ》がりますよね。

――はい。

三笘《みとま》　相手《あいて》は僕《ぼく》が動《うご》いてから動《うご》くので、当然反応《とうぜんはんのう》は遅《おく》れます。僕《ぼく》は右足《みぎあし》でボールを引《ひ》きずるように動《うご》かしながら、相手《あいて》がそれに反応《はんのう》したのを確認《かくにん》して、次《つぎ》のタッチで一気《いっき》にスピードアップします【図《ず》8】。相手《あいて》はわかっていても最初《さいしょ》のタッチと同《おな》じ感《かん》じ

3

右足《みぎあし》で引《ひ》きずるように加速《かそく》

右足《みぎあし》でボールを引《ひ》きずるようにして一気《いっき》に加速《かそく》。半歩《はんぽ》か一歩《いっぽ》リードした状態《じょうたい》で加速《かそく》するので、同時《どうじ》にスタートしても相手《あいて》を置《お》き去《ざ》りにできる

で反応《はんのう》してしまうので、少《すこ》し反応《はんのう》が遅《おそ》い。その隙《すき》を突《つ》いて加速《かそく》する。あるいは、縦《たて》へ加速《かそく》する動《うご》きをすると相手《あいて》が反応《はんのう》しますが、こちらが仕掛《しか》けて止《と》まれば相手《あいて》も反応《はんのう》して止《と》まる。その相手《あいて》が止《と》まった瞬間《しゅんかん》に加速《かそく》します。**ボールを持《も》っている方《ほう》が常《つね》に先《せん》手《て》をとれるので、少《すこ》し遅《おく》れる相手《あいて》との時間差《じかんさ》を利用《りよう》すると抜《ぬ》きやすくなります。**

図《ず》7 軸足《じくあし》リードの法則《ほうそく》

MITOMA'S VOICE

相手《あいて》は僕《ぼく》が動《うご》いてから動《うご》くので反応《はんのう》が遅《おく》れます。その時間差《じかんさ》を利用《りよう》すると抜《ぬ》きやすくなります

POINT

相手《あいて》の反応《はんのう》を遅《おく》らせてから仕掛《しか》ける

❸ 一気《いっき》に加速《かそく》する

三笘《みとま》が止《と》まったことで相手《あいて》も一瞬《いっしゅん》止《と》まる。
その瞬間《しゅんかん》に一気《いっき》にスピードアップする

図《ず》8 相手《あいて》との時間差《じかんさ》を利用《りよう》する

❶

相手《あいて》に 一度仕掛《いちどしか》ける

相手《あいて》に対《たい》してボールを少《すこ》し動《うご》かし一度仕掛《いちどしか》ける動《うご》きを入《い》れる

❷

相手《あいて》は下《さ》がる

相手《あいて》は仕掛《しか》けに対応《たいおう》しようとして下《さ》がる。そのとき三笘《みとま》は一度《いちど》止《と》まる

LESSON 4

爆《ばく》発《はつ》的《てき》な反《はん》発《ぱつ》ステップ

DFの視界《しかい》から消《き》えるように運《はこ》ぶ

右足《みぎあし》で小《ちい》さく引《ひ》きずるようにボールを動《うご》かし、相手《あいて》が反応《はんのう》して動《うご》いた瞬間《しゅんかん》に仕掛《しか》ける。そのとき、ほぼ速《そく》度《ど》ゼロからトップスピードに変化《へんか》できるのは三笘《みとま》の特徴《とくちょう》だ。

加速《かそく》を生《う》み出《だ》すのは右足《みぎあし》。進行方《しんこうほう》向《こう》とは反対《はんたい》の方向《ほうこう》へ右足《みぎあし》を下《お》ろし、地面《じめん》を強《つよ》く踏《ふ》む感《かん》じで地面《じめん》からの反《はん》力《りょく》をもらって飛《と》び出《だ》していく【図《ず》9】。

いわゆる「反発《はんぱつ》ステップ」だが、近《ちか》くで見《み》ると、一瞬《いっしゅん》の小《ちい》さな動《うご》きなのに非常《ひじょう》に迫力《はくりょく》があり、DFが思《おも》わず

地面《じめん》からの反力《はんりょく》を活《い》かして進行方向《しんこうほうこう》にステップ

ここも右足《みぎあし》でボールを引《ひ》きずるように運《はこ》ぶことで速《はや》く走《はし》る動《うご》きとドリブルの動《うご》きを一体化《いったいか》させる

フリーズしてしまうのも無理《むり》がないと思《おも》った。DFからすると「あっ」と思《おも》った瞬間《しゅんかん》に、三笘《みとま》が目《め》の前《まえ》から消《き》えているような感覚《かんかく》だろう。

反発《はんぱつ》ステップといっても、右足《みぎあし》を大《おお》きく上《あ》げてから下《お》ろすわけではない。ネイマールはそのような使《つか》い方《かた》をするときもあるが、大半《たいはん》は瞬間的《しゅんかんてき》な動《うご》きなので見《み》ていてもわかりにくいはずだ。

体重移動《たいじゅういどう》も右足《みぎあし》を下《お》ろして地面《じめん》からの反力《はんりょく》をもらい、左足《ひだりあし》を前《まえ》へ出《だ》していくという順序《じゅんじょ》にはなるけれども、これも言葉《ことば》にするとそうなるだけで動作《どうさ》としては一瞬《いっしゅん》である。感覚《かんかく》としてはわずかにジャンプして、着地《ちゃくち》と同時《どうじ》に縦方向《たてほうこう》へスプリントするのに近《ちか》い。

DFからすると、相手《あいて》がビクッと動《うご》いたので身構《みがま》えた瞬間《しゅんかん》にはすでに走《はし》られている感《かん》じである。

図《ず》9 爆発的《ばくはつてき》な反発《はんぱつ》ステップ

進《すす》みたい方向《ほうこう》とは逆方向《ぎゃくほうこう》に右足《みぎあし》を下《お》ろして地面《じめん》を強《つよ》く踏《ふ》む

MITOMA'S VOICE

ステップを踏《ふ》んだときにしっかり左足《ひだりあし》（軸足《じくあし》）をリードさせています。僕《ぼく》の場合《ばあい》はリーチを活《い》かした一歩《いっぽ》の大《おお》きさで相手《あいて》と差《さ》をつけています

ボールタッチと走《はし》りを一体化《いったいか》させて運《はこ》ぶ

「速《はや》さ」にもいろいろある。小《ちい》さく方向転換《ほうこうてんかん》をするのが速《はや》いタイプもいるし、直線《ちょくせん》を走《はし》る加速力《かそくりょく》が図抜《ずぬ》けている選手《せんしゅ》もいる。小刻《こきざ》みなステップでボールを触《さわ》りながら瞬時《しゅんじ》に方向《ほうこう》を変《か》えるアジリティ（敏《びん》しょう性《せい》）の速《はや》さではリオネル・メッシが思《おも》い浮《う》かぶ。直線的《ちょくせんてき》な速《はや》さではキリアン・エンバペが代表格《だいひょうかく》だろうか。

三笘《みとま》は見《み》た目《め》それほど速《はや》い感《かん》じはしないのだが、加速《かそく》するときの一歩《いっぽ》が大《おお》きく、ＤＦと並走《へいそう》すると一歩《いっぽ》ごとに差《さ》が開《ひら》いていくような速《はや》さである。**稼働範囲《かどうはんい》の大《おお》きい一歩《いっぽ》と、走《はし》りの無駄《むだ》のなさ、しなやかさ、走《はし》るコースどりの上手《うま》さで相対的《そうたいてき》に差《さ》をつける速《はや》さ**が印象的《いんしょうてき》だ。

ボールを大《おお》きく持《も》ち出《だ》すときのタ

MITOMA'S VOICE

「走《はし》ること」と「ドリブル」の動《うご》きを一体化《いったいか》させることで自分《じぶん》の中《なか》の「最速《さいそく》」を見《み》つけよう

ツチはインステップに近《ちか》い。アウトサイド寄《よ》りのインステップ【図《ず》10】。これはその前《まえ》に小《ちい》さく運《はこ》ぶときのタッチと同《おな》じだ。

「タッチしたあとのつま先《さき》が進行方向《しんこうほうこう》へまっすぐになること」（三笘《みとま》）

アウトサイドやインサイドだと、ボールをプッシュしたあとに足首《あしくび》を戻《もど》すことになるが、三笘《みとま》はその余分《よぶん》な動作《どうさ》を省略《しょうりゃく》している。ボールタッチと走《はし》りを一体化《いったいか》させた無駄《むだ》を削《そ》ぎ落《お》とした運《はこ》び方《かた》だ。

図《ず》10　ボールタッチと走《はし》りを一体化《いったいか》させる

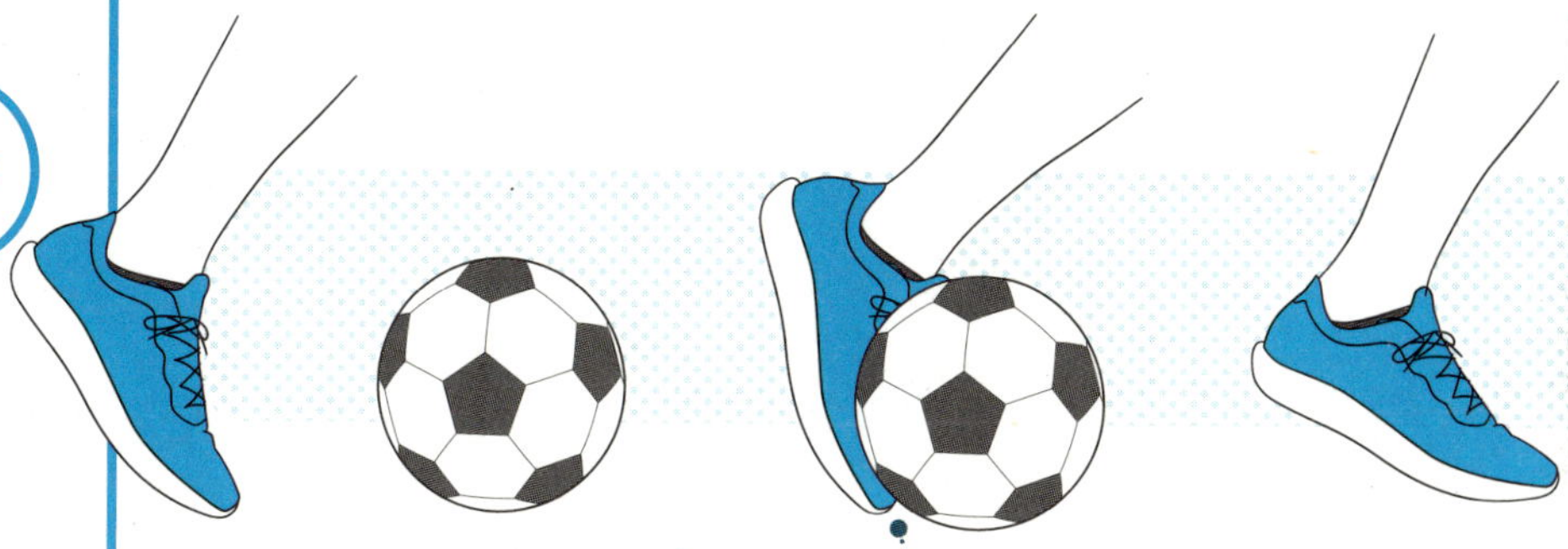
POINT
インステップで
ボールにタッチ

アウトサイド寄《よ》りのインステップでボールをタッチすることで、ボールをプッシュしたあとの足首《あしくび》を戻《もど》す動《うご》きを省略《しょうりゃく》。足首《あしくび》の角度《かくど》そのままに次《つぎ》のステップを踏《ふ》むことで無駄《むだ》なく加速《かそく》できる

LESSON 5

緩《かん》急《きゅう》の使《つか》い方《かた》

駆《か》け引《ひ》きをしながら自分《じぶん》の間合《まあ》いをとる

ゼロから１００への急激《きゅうげき》なスピード変化《へんか》で縦《たて》にぶっちぎるドリブルは強烈《きょうれつ》な印象《いんしょう》を残《のこ》すが、同《おな》じ縦突破《たてとっぱ》でもさまざまなバリエーションがある。

三笘《みとま》　歩《ある》いているぐらいからだと、縦《たて》への突破《とっぱ》はやりやすいですね。スピードに乗《の》っている状態《じょうたい》からだと、スペースがあればいいですけど、スペースがないと自分《じぶん》がいったんスピードを落《お》とさないと抜《ぬ》きにくいです。そのとき、相手選手《あいてせんしゅ》にプレーを予測《よそく》さ

4
左足《ひだりあし》インでタッチ

5
右足《みぎあし》インでタッチ

れないようにすることも大切《たいせつ》です。

――自分《じぶん》の間合《まあ》いに持《も》っていく方法《ほうほう》がいろいろあるのですね。

三笘《みとま》　縦《たて》へ行《い》くとみせかけていったん止《と》まることもありますし、いろいろな駆《か》け引《ひ》きをしながら自分《じぶん》の間合《まあ》いをとります【図《ず》11】【図《ず》12】。

――緩急《かんきゅう》の変化《へんか》も使《つか》っていますね。

図《ず》11　横《よこ》への揺《ゆ》さぶりで相手《あいて》を翻弄《ほんろう》

ゆっくりボールを持《も》ちながら右《みぎ》（カットイン）に左《ひだり》（縦突破《たてとっぱ》）に急加速《きゅうかそく》する動《うご》きとキャンセルを繰《く》り返《かえ》すことで相手《あいて》の足《あし》を止《と》める。仕掛《しか》けやすい間合《まあ》いを作《つく》りだして主導権《しゅどうけん》を握《にぎ》ってから縦《たて》に突破《とっぱ》をはかる

三笘《みとま》　**80%ぐらいから100%に加速《そく》する場合《ばあい》もありますし、60%から80%に上《あ》げて、さらに100%まで上《あ》げるときもあります。相手《あいて》との関係《かんけい》によって仕掛《しか》け方《かた》は変《か》わってきます。**いずれにしても、相手《あいて》が「遅《おく》れているな」と感《かん》じたらボールを大《おお》きめに出《だ》して抜《ぬ》きにかかりますが、そのときにタッチが大《おお》きすぎるとカバーのＤＦが来《き》てしまうので注意《ちゅうい》が必要《ひつよう》です。

――カバーに入《はい》っているＤＦも見《み》ている。

三笘《みとま》　ＤＦや背後《はいご》のスペースを見《み》ているかもしれません。対面《たいめん》しているＤＦを抜《ぬ》くことができても、カバーのＤＦに引《ひ》っかかってしまうかどうか。カバーのＤＦの位置《いち》が対面《たいめん》しているＤＦと同《おな》じ高《たか》さなら2人《ふたり》まとめて抜《ぬ》ける可能性《かのうせい》はありますが、カバ

③

右足《みぎあし》インで縦《たて》へ

相手《あいて》が間合《まあ》いを詰《つ》めようとする瞬間《しゅんかん》、右足《みぎあし》で地面《じめん》を蹴《け》って縦《たて》に

ーが少《すこ》し下《さ》がっているなら引《ひ》っかかるリスクは高《たか》くなりますからね。

図《ず》12 相手《あいて》を止《と》めてから縦《たて》へ突破《とっぱ》

右足《みぎあし》をやや後《うし》ろにしてボールを持《も》ち、縦《たて》に急加速《きゅうかそく》しそうな雰囲気《ふんいき》を出《だ》す

右足裏《みぎあしうら》で右《みぎ》にボールを少《すこ》し引《ひ》き、間合《まあ》いを広《ひろ》げる

MITOMA'S VOICE

一度《いちど》止《と》まることで周《まわ》りの状況《じょうきょう》がよく見《み》えるというメリットもあります

CHAPTER 2

緩急《かんきゅう》をつけての縦《たて》への突破《とっぱ》

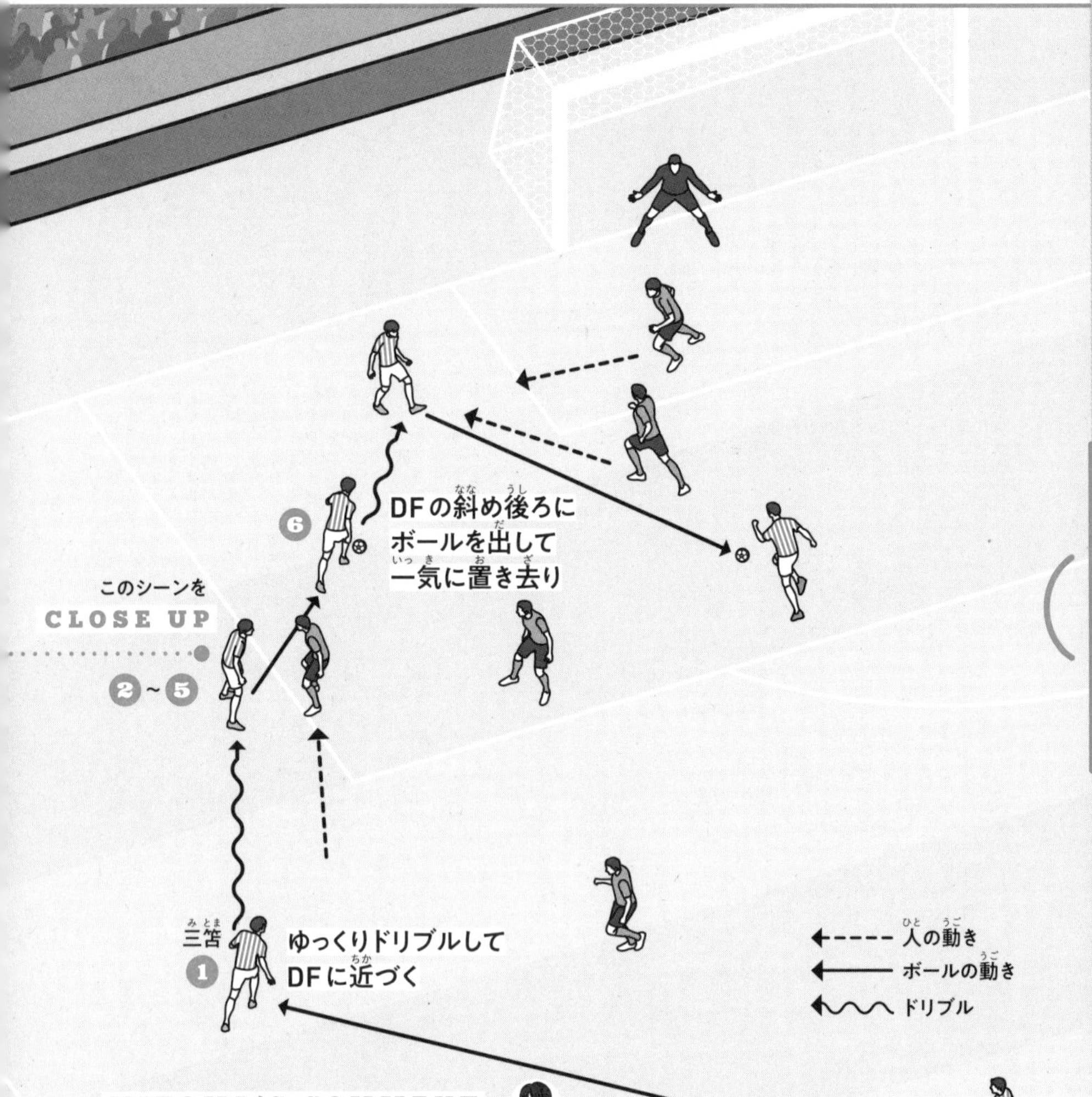

MITOMA'S COMMENT

「僕《ぼく》の場合《ばあい》は歩《ある》いているぐらいのほうが緩急《かんきゅう》をつけやすいので、縦突破《たてとっぱ》はしやすくなります。この形《かたち》で持《も》ったらほぼ抜《ぬ》ける自信《じしん》があります。相手《あいて》はボールのある場所《ばしょ》に僕《ぼく》の重心《じゅうしん》があると思《おも》って対応《たいおう》していますから、この形《かたち》から相手《あいて》の背後《はいご》にボールを出《だ》して加速《かそく》すれば抜《ぬ》けます。予備《よび》動作《どうさ》の速《はや》さも重要《じゅうよう》です」

2023年《ねん》5月《がつ》9日《か》
プレミアリーグ第《だい》35節《せつ》
ブライトンvsエヴァートン
前半《ぜんはん》12分《ふん》

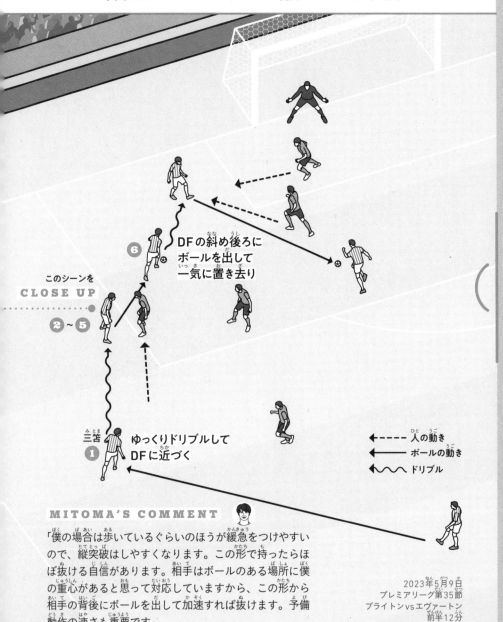

1
DFはボールを
見《み》ている
ゆっくり
DFに近《ちか》づく
22
2
DFは反応《はんのう》して
腰《こし》（重心《じゅうしん》）を落《お》とす
右足《みぎあし》をドンと
地面《じめん》につける。
ボールは
体《からだ》の真下《ました》に置《お》く
22
3
DFはまだ
ボールを見《み》ている
一気《いっき》に加速《かそく》する
22
予備動作《よびどうさ》を速《はや》く行《おこな》う
ことで相手《あいて》は反応《はんのう》が
遅《おく》れる
4
DFを横切《よこぎ》るように
その背後《はいご》にボールを
出《だ》しながら加速《かそく》
DFは反応《はんのう》が
遅《おく》れる
22
5
ボールを
持《も》ち出《だ》して
DFの前《まえ》に出《で》る
DFは完全《かんぜん》に遅《おく》れる
22
6
DFを置《お》き去《ざ》りにする
22

三《み》笘《とま》劇場《げきじょう》｜再現《さいげん》シーン ④

ゼロヒャク 止《と》まった状態《じょうたい》からの縦《たて》突《とっ》破《ぱ》

ゆっくり近《ちか》づきながら❶で縦《たて》に仕掛《しか》けるフェイント。相手《あいて》は反応《はんのう》せず。❷でさらに相手《あいて》との間合《まあ》いを詰《つ》めて一度《いちど》止《と》まる。❸で縦《たて》に急発進《きゅうはっしん》して抜《ぬ》き去《さ》る

人《ひと》の動《うご》き
ボールの動《うご》き
ドリブル

MITOMA'S COMMENT

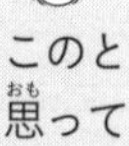

「止《と》まった状態《じょうたい》からの突破《とっぱ》は得意《とくい》です。このときはもう、『どのタイミングで縦《たて》に行《い》こうかな』と思《おも》っていました。1回《かい》、縦《たて》に仕掛《しか》けるフェイントをしたのですが、反応《はんのう》がなかったので『あれ、オレのことよく知《し》らない?』と思《おも》っていました。縦《たて》を警戒《けいかい》していないのがわかったので、あとはカバーのDFを見《み》て縦《たて》へ突破《とっぱ》しています」

2023年《ねん》4月《がつ》26日《にち》
プレミアリーグ第《だい》33節《せつ》
ノッティンガム・フォレスト
vsブライトン　前半《ぜんはん》25分《ふん》

❶

ステップと
ボディフェイントで
縦《たて》に行《い》く動《うご》き

DFは
反応《はんのう》しない

一瞬《いっしゅん》、グッと縦《たて》に仕掛《しか》けるフェイントを入《い》れるも相手《あいて》は動《うご》かない

❷

一瞬《いっしゅん》ピタッと止《と》まる

一度《いちど》ボールを持《も》ち直《なお》してDFとの距離《きょり》をジリジリ詰《つ》める

❸

右足《みぎあし》で地面《じめん》を
強《つよ》く蹴《け》って踏《ふ》み出《だ》す

相手《あいて》の動《うご》きが止《と》まった瞬間《しゅんかん》、右足《みぎあし》で踏《ふ》み出《だ》して縦《たて》に急加速《きゅうかそく》

❹

反応《はんのう》が遅《おく》れて
追《お》いつけない

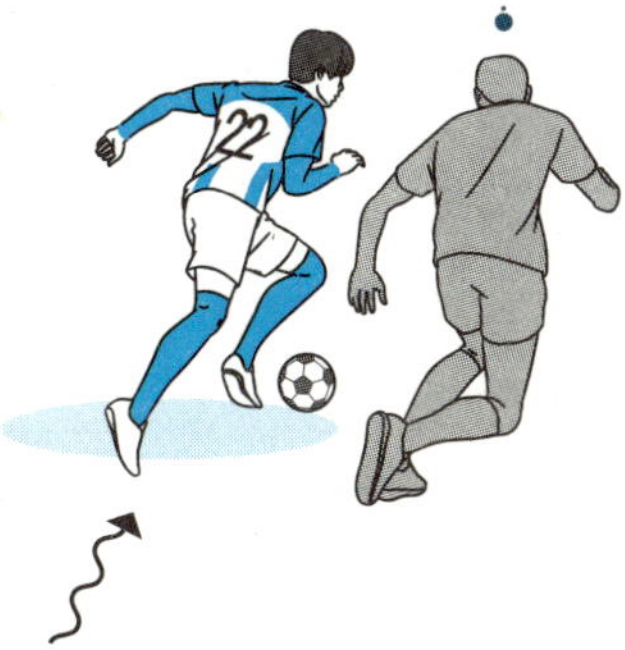

まさに0→100（ゼロヒャク）による一気《いっき》の加《か》速《そく》でDFは置《お》き去《ざ》りにされる

三笘《みとま》劇場《げきじょう》｜再現《さいげん》シーン 5

3速《そく》オーバーテイク 段階的《だんかいてき》な加速《かそく》での縦突破《たてとっぱ》

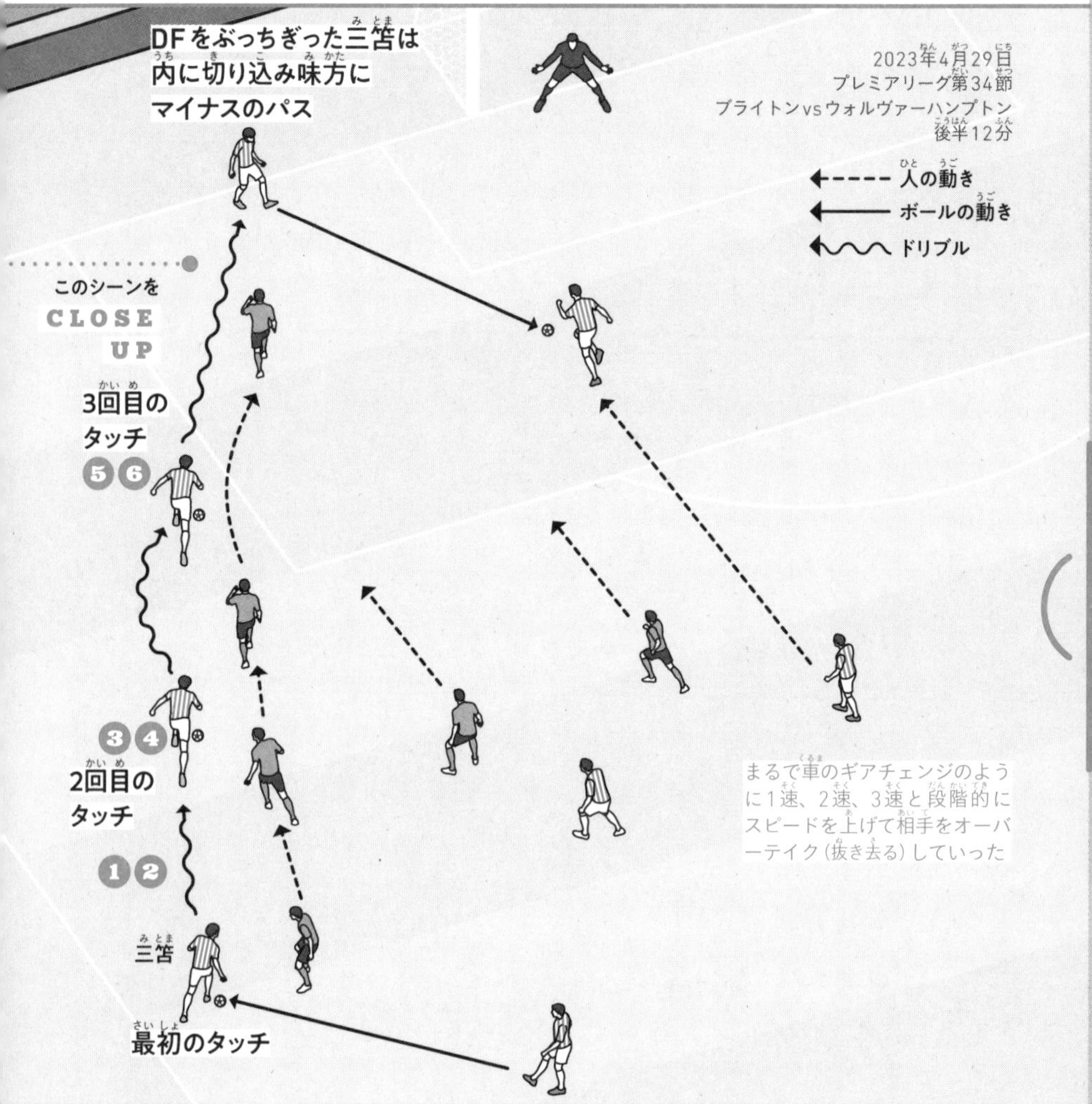

MITOMA'S COMMENT

「並走《へいそう》したときに相手《あいて》が少《すこ》し遅《おく》れていたので、そのまま縦《たて》へ運《はこ》んでいます。この最初《さいしょ》のタッチでスピードは自分《じぶん》のマックスの60％です。次《つぎ》のタッチで80％に上《あ》げています。そして3タッチ目《め》で100％ですね。タッチのリズムで言《い》うと『トン　トントン』という感《かん》じ。DFは最初《さいしょ》の段階《だんかい》で少《すこ》し遅《おく》れているので、段階的《だんかいてき》にスピードを上《あ》げられると完全《かんぜん》に後追《あとお》いになってしまいます。ボールを見《み》てしまっているので大回《おおまわ》りになっています」

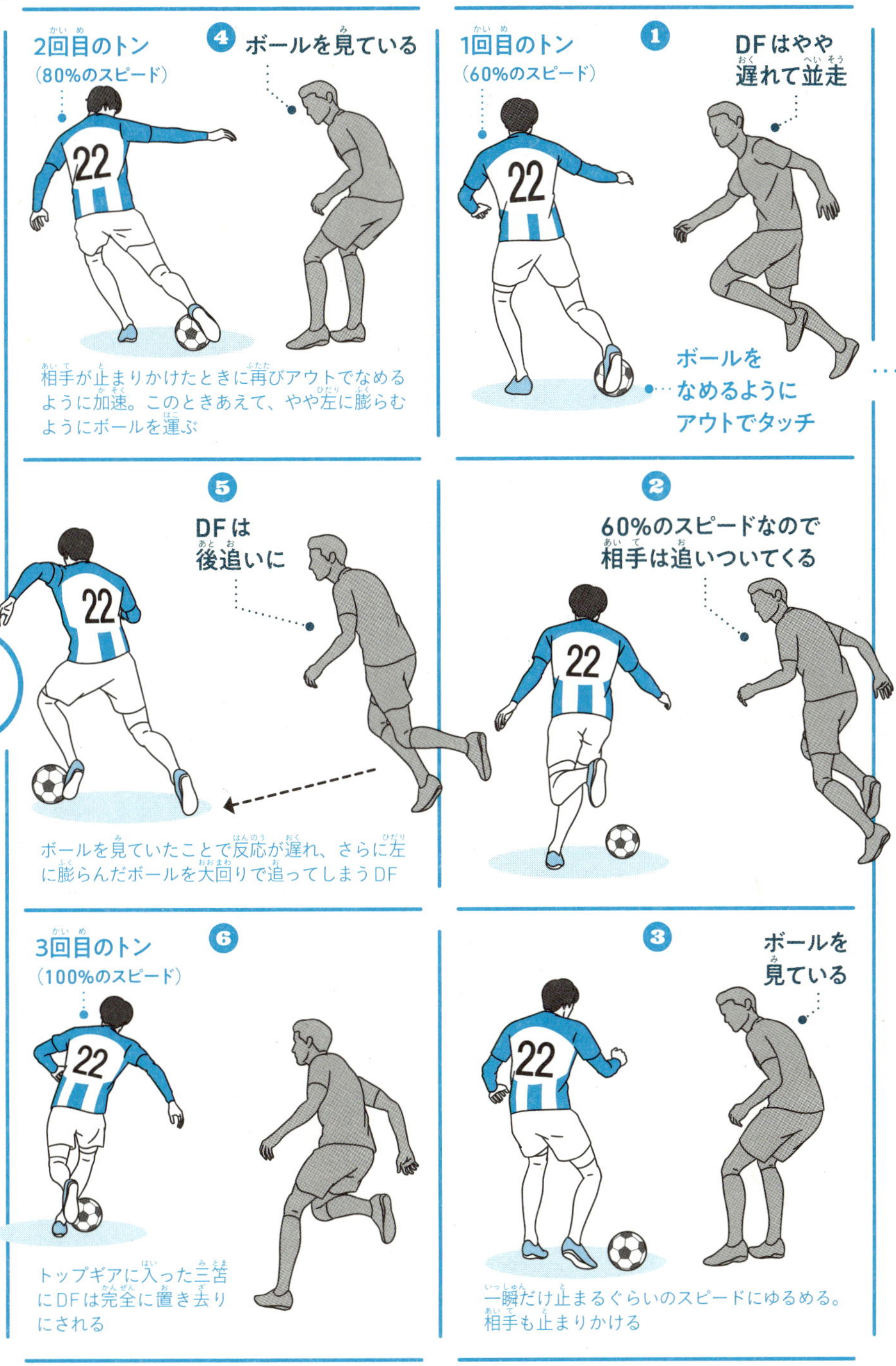
1
1回目《かいめ》のトン
(60%のスピード)
DFはやや遅《おく》れて並走《へいそう》
ボールをなめるようにアウトでタッチ
2
60%のスピードなので相手《あいて》は追《お》いついてくる
3
ボールを見《み》ている
一瞬《いっしゅん》だけ止《と》まるぐらいのスピードにゆるめる。相手《あいて》も止《と》まりかける
4
2回目《かいめ》のトン
(80%のスピード)
ボールを見《み》ている
相手《あいて》が止《と》まりかけたときに再《ふたた》びアウトでなめるように加速《かそく》。このときあえて、やや左《ひだり》に膨《ふく》らむようにボールを運《はこ》ぶ
5
DFは後《あと》追《お》いに
ボールを見《み》ていたことで反応《はんのう》が遅《おく》れ、さらに左《ひだり》に膨《ふく》らんだボールを大回《おおまわ》りで追《お》ってしまうDF
6
3回目《かいめ》のトン
(100%のスピード)
トップギアに入《はい》った三笘《みとま》にDFは完全《かんぜん》に置《お》き去《ざ》りにされる

サッカーがうまくなる
三《み》笘《とま》マインド

2

止《と》める蹴《け》るはすべてのベース

僕《ぼく》が子《こ》どもの頃《ころ》に最《もっと》も学《まな》んだことは「止《と》める蹴《け》る」の技術《ぎじゅつ》です。

僕《ぼく》が所属《しょぞく》していた川崎《かわさき》フロンターレのアカデミー（U-12）では、練《れん》習《しゅう》の最初《さいしょ》に20分《ぷん》ぐらい止《と》める蹴《け》るのトレーニングをやるのが恒例《こうれい》でした。最初《さいしょ》はなぜここまでやるのか疑問《ぎもん》に感《かん》じていましたが、上達《じょうたつ》していくとすぐにその重要《じゅうよう》さを理《り》解《かい》できました。

どんなパスでも一回《いっかい》でボールを止《と》められれば、次《つぎ》のプレーにロスなく移行《いこう》できます。しっかり止《と》めることで相手《あいて》を見《み》られるようにもなります。つまり相手《あいて》との駆《か》け引《ひ》きで優位《ゆうい》に立《た》てるんです。

運《はこ》ぶときもボールと一体《いったい》となって運《はこ》ぶことが大事《だいじ》です。いつでも蹴《け》られて、いつでも運《はこ》べる位置《いち》にボールを置《お》くことで相手《あいて》は飛《と》び込《こ》めなくなります。基本的《きほんてき》にはパスが来《く》る前《まえ》に相手《あいて》を見《み》ておいて、ボールの置《お》きどころを決《き》めています。

個人《こじん》でも止《と》める蹴《け》るは相当《そうとう》に練《れん》習《しゅう》しました。サッカーではひとりの選手《せんしゅ》がボールを持《も》つ時間《じかん》は1試《し》合《あい》で平均《へいきん》2分《ふん》ぐらいと言《い》われています。ドリブルより止《と》める蹴《け》るの回数《かいすう》が圧倒的《あっとうてき》に多《おお》いんです。止《と》める蹴《け》るが安定《あんてい》しないと貴重《きちょう》なプレー時間《じかん》を無駄《むだ》にしてしまうことになります。

小《ちい》さい頃《ころ》からボールを止《と》めて次《つぎ》のプレーに素早《すばや》く移行《いこう》できる技術《ぎじゅつ》を磨《みが》けたのは非常《ひじょう》に大《おお》きかったと思《おも》います。

CHAPTER

3

縦《たて》突《とっ》破《ぱ》の「裏《うら》」としてのカットイン

どれだけ強力《きょうりょく》な武《ぶ》器《き》を持《も》っていても
プレーの選択肢《せんたくし》がひとつでは
相《あい》手《て》に対応《たいおう》されやすくなってしまう。
そこで三笘《みとま》はDFと対《たい》峙《じ》するとき
常《つね》に複数《ふくすう》の選択肢《せんたくし》を持《も》つように心《こころ》がけているという。
そのひとつがカットインだ。カットインを磨《みが》くことで
縦《たて》への突《とっ》破《ぱ》がより破壊力《はかいりょく》を増《ま》していく。

LESSON 6

カットインという名《な》の駆《か》け引《ひ》き

DFの足《あし》が届《とど》かない場《ば》所《しょ》にボールを動《うご》かす

三《み》笘《とま》の代名詞《だいめいし》ともいえる縦《たて》への突《とっ》破《ぱ》だが、相手《あいて》がそれを警戒《けいかい》してくるようになると、カットインを使《つか》う頻《ひん》度《ど》が増《ふ》えてきた。**縦突破《たてとっぱ》が「表《おもて》」とすればカットインは「裏《うら》」**。表《おもて》だけでなく裏《うら》の威力《いりょく》もあることで相手《あいて》が三《み》笘《とま》を抑《おさ》え込《こ》むのが難《むずか》しくなっている。

両足《りょうあし》を開《ひら》いて腰《こし》を落《お》とし気味《ぎみ》にするが背中《せなか》はまっすぐ。三笘《みとま》独特《どくとく》のボールの持《も》ち方《かた》だ。このときに相手《あいて》が三《み》笘《とま》の体《からだ》の中心《ちゅうしん》ではなく、ボールに正対《せいたい》したときに縦突破《たてとっぱ》の優位性《ゆういせい》が生《う》

POINT
背中《せなか》はまっすぐ

3
右足《みぎあし》アウトでボールをタッチ

左足《ひだりあし》の反発《はんぱつ》を利用《りよう》するように右足《みぎあし》アウトで右《みぎ》にボールを素早《すばや》く動《うご》かすことで、相手《あいて》の重心《じゅうしん》移動《いどう》の逆《ぎゃく》をつく。前傾《ぜんけい》のときも背《せ》中《なか》が丸《まる》くならないのは三《み》笘《とま》の特徴《とくちょう》だ

4
右《みぎ》にボールを動《うご》かす

カットインしたあとはそのまま中《なか》に切《き》れ込《こ》むか、もう一度《いちど》縦《たて》に突破《とっぱ》を狙《ねら》うなどの選択肢《せんたくし》がある

POINT
相手《あいて》の足《あし》が届《とど》かない場所《ばしょ》に運《はこ》ぶ

まれていたわけだが、**逆《ぎゃく》に相手《あいて》が三《み》笘《とま》の体《からだ》に正対《せいたい》する、あるいは縦《たて》を警《けい》戒《かい》してそちらへ先《さき》に動《うご》いている状況《じょうきょう》なら、右足《みぎあし》アウトを使《つか》って内側《うちがわ》へドリブルのコースをとる。**

図《ず》13 三笘流《みとまりゅう》カットイン

その際《さい》の左足《ひだりあし》の踏《ふ》み込《こ》みの大《おお》きさもさることながら、**右足《みぎあし》アウトでボールを動《うご》かす幅《はば》の大《おお》きさが特徴《とくちょう》**だ【図《ず》13】。

MITOMA'S VOICE

ドリブルをするときは相手《あいて》の足《あし》が届《とど》かない場所《ばしょ》へボールを動《うご》かすことが大切《たいせつ》

――右《みぎ》アウトで右《みぎ》へボールを動《うご》かす幅《はば》の大《おお》きさが印象的《いんしょうてき》です。

三笘《みとま》　**相手《あいて》の足《あし》にボールが当《あ》たらない場所《ばしょ》、届《とど》かない場所《ばしょ》へボールを動《うご》かすことは重要《じゅうよう》**です。パスでもシュートでも、次《つぎ》のプレーを成功《せいこう》させるためのポイントですね。

――右《みぎ》へボールを動《うご》かしてから、次《つぎ》のタッチで前《まえ》へ運《はこ》ぶのが速《はや》くてスムーズですね。

三笘《みとま》　右《みぎ》アウトからすぐに右《みぎ》インサイドで運《はこ》ぶ形《かたち》は、プロになってからかなり練習《れんしゅう》しました。

――ほぼエラシコになっていて、右《みぎ》アウト↓右《みぎ》インは右足《みぎあし》が地面《じめん》についていないときもありますね。

三笘《みとま》　そうですね。**右《みぎ》アウト↓右《みぎ》インのスピード感《かん》と動《うご》かす距離《きょり》の大《おお》きさが必要《ひつよう》**です。トップスピードでこれができるときもあって、自分《じぶん》でも驚《おどろ》くことがあります【図《ず》14】。

3
インサイドでタッチ
右足《みぎあし》を着地《ちゃくち》させずにインサイドでボールにタッチして方向《ほうこう》を変《か》える

4
方向《ほうこう》を変《か》えて相手《あいて》をかわす
一瞬《いっしゅん》の方向転換《ほうこうてんかん》で相手《あいて》は反応《はんのう》できないので置《お》き去《ざ》りにできる

図《ず》14 三《み》笘《とま》流《りゅう》エラシコ ①

①

右《みぎ》に動《うご》かす

縦《たて》に行《い》く動《うご》きを見《み》せたあと、ボールが足《あし》から離《はな》れないように右足《みぎあし》でタッチ

②

大《おお》きく幅《はば》をとる

大《おお》きく動《うご》かすことで相手《あいて》は足《あし》が届《とど》かない

POINT

右《みぎ》に大《おお》きく
幅《はば》をとって動《うご》かす

図《ず》15 三笘流《みとまりゅう》エラシコ②

細《こま》かい変化《へんか》をつけて相手《あいて》を翻弄《ほんろう》する

——右《みぎ》アウトのタッチは前《まえ》に押《お》し出《だ》すのではなく、手前《てまえ》へ引《ひ》いています。

三笘《みとま》　相手《あいて》が右後方《みぎこうほう》から寄《よ》せてくるときはそうですね。右《みぎ》アウトでボールを切《き》り返《かえ》して、そのままインサイドでタッチして方向《ほうこう》を変《か》えます。そのときに**相手《あいて》の左足《ひだりあし》が残《のこ》っているので、そこに引《ひ》っかからないように右《みぎ》足《あし》アウトのタッチは手前《てまえ》へ引《ひ》きます。ただ、それだけだとドリブルの方向《ほうこう》が自陣《じじん》へ戻《もど》ってしまうので、すぐにインサイドのタッチで相手《あいて》ゴールへ向《む》かう方向《ほうこう》へ修正《しゅうせい》する**わけです【図《ず》15】。

2

ボールを手前《てまえ》に引《ひ》く

相手《あいて》の動《うご》きの逆《ぎゃく》をとり、ボールを手前《てまえ》に引《ひ》くように右足《みぎあし》アウトサイドでタッチ

POINT
相手《あいて》の足《あし》にひっかからないよう手前《てまえ》に引《ひ》く

3

インサイドでタッチ

すぐに右足《みぎあし》インサイドでボールにタッチして方向《ほうこう》を変《か》えて抜《ぬ》いていく

——そのときにボールを動《うご》かす幅《はば》がすごく大《おお》きい。

三笘《みとま》　アウトで引《ひ》いて、インでタッチする練習《れんしゅう》はかなりやりました。ボールをアウトで引《ひ》いてインでつかまえる【図《ず》16】。その繰《く》り返《かえ》しで体《からだ》になじませていきます。

——左足《ひだりあし》を踏《ふ》み出《だ》して相手《あいて》を釣《つ》り、右足《みぎあし》のアウトサイドでボールを右《みぎ》へ動《うご》かす。これがシンプルなカットインの形《かたち》ですが、少《すこ》し変化《へんか》をつけているときもありますね。

三笘《みとま》　左足《ひだりあし》を踏《ふ》み込《こ》んだ後《あと》、もう1回左足《かいひだりあし》のステップを入《い》れる、余分《よぶん》に踏《ふ》み込《こ》むことはあります。細《こま》かい変《へん》化《か》はいろいろつけています。大《おお》まかに言《い》うと、相手《あいて》がボールを見《み》るタイプなのか、体《からだ》を見《み》るタイプなのかですね。**ボールを見《み》るＤＦなら、ボールを動《うご》かした方《ほう》が逆《ぎゃく》をとりやすくなる。逆《ぎゃく》に、体《からだ》を見《み》ているＤＦだとボ**

図《ず》16　エラシコ練習法《れんしゅうほう》

ールを動《うご》かす必要《ひつよう》はないので、体《からだ》の動《うご》きに反応《はんのう》させる。

——DFがどういうタイプなのかは事前《じぜん》に確認《かくにん》しておくのですか？

三笘《みとま》 情報《じょうほう》は持《も》ちますけど、実際《じっさい》に対峙《たいじ》してみると少《すこ》し違《ちが》うこともあるので、その場《ば》での判断《はんだん》になることが多《おお》いです。そこはもう経験《けいけん》になりますね。

MITOMA'S VOICE

相手《あいて》がボールを見《み》る
DFなのか体《からだ》を見《み》る
DFなのかでプレーの
選択《せんたく》は変《か》わります

❸

ボールをつかむ

POINT
アウトのときも
インのときも
ボールを足《あし》から
離《はな》さない

ボールを体《からだ》の真下《ました》で扱《あつか》い、縦《たて》や横《よこ》などどこにでも動《うご》けるようにする

逆算《ぎゃくさん》カットイン

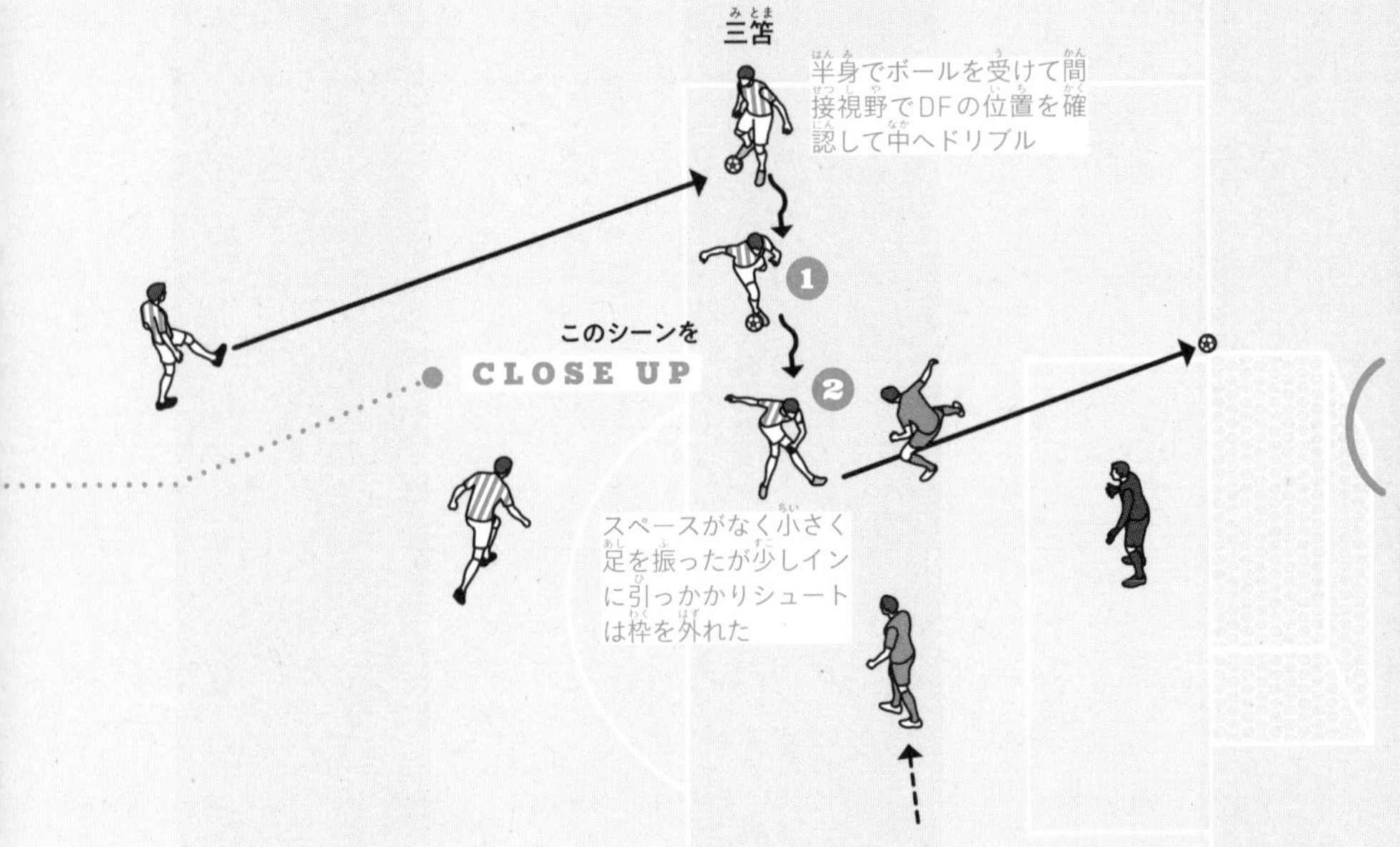

人《ひと》の動《うご》き
ボールの動《うご》き
ドリブル

MITOMA'S COMMENT

「ボールを持《も》った瞬間《しゅんかん》にうまくDFの股《また》を通《とお》せれば、いい所《ところ》でシュートを打《う》てるかなと思《おも》っていました。シュートはファーサイドにDFがいて難《むずか》しかったのでニアを狙《ねら》いました。大《おお》きく足《あし》を振《ふ》れる状況《じょうきょう》でもなかったので、小《ちい》さな振《ふ》りで相手《あいて》の逆《ぎゃく》をつくイメージですね。このシーンはボールをもらった瞬間《しゅんかん》にイメージはできていて、決《き》め打《う》ちです。最初《さいしょ》にアイデアがあっても、相手《あいて》の出方《でかた》によって変《か》えることもありますが、このシーンの狙《ねら》いは良《よ》かったと思《おも》います。あとはキックの質《しつ》でしたね」

2023年《ねん》5月《がつ》21日《にち》
プレミアリーグ第《だい》37節《せつ》
ブライトンvsサウサンプトン
前半《ぜんはん》45+3分《ふん》

❶

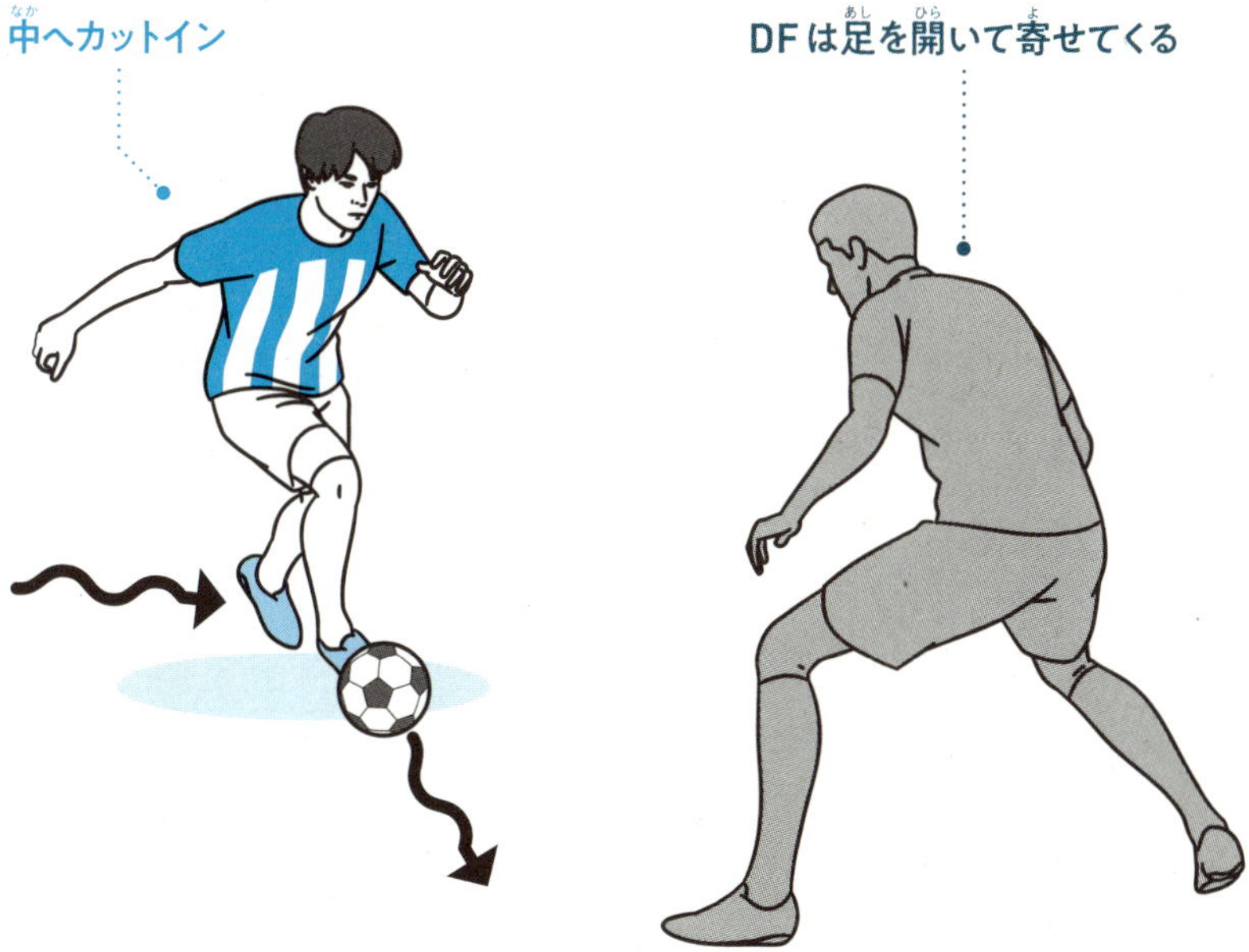
中《なか》へカットイン
DFは足《あし》を開《ひら》いて寄《よ》せてくる

❷

DFが足《あし》を開《ひら》いた瞬間《しゅんかん》に
股《また》を抜《ぬ》いてシュート
横《よこ》に揺《ゆ》さぶられたことで
足《あし》を開《ひら》いてしまう

高速稲妻《こうそくいなずま》カットイン

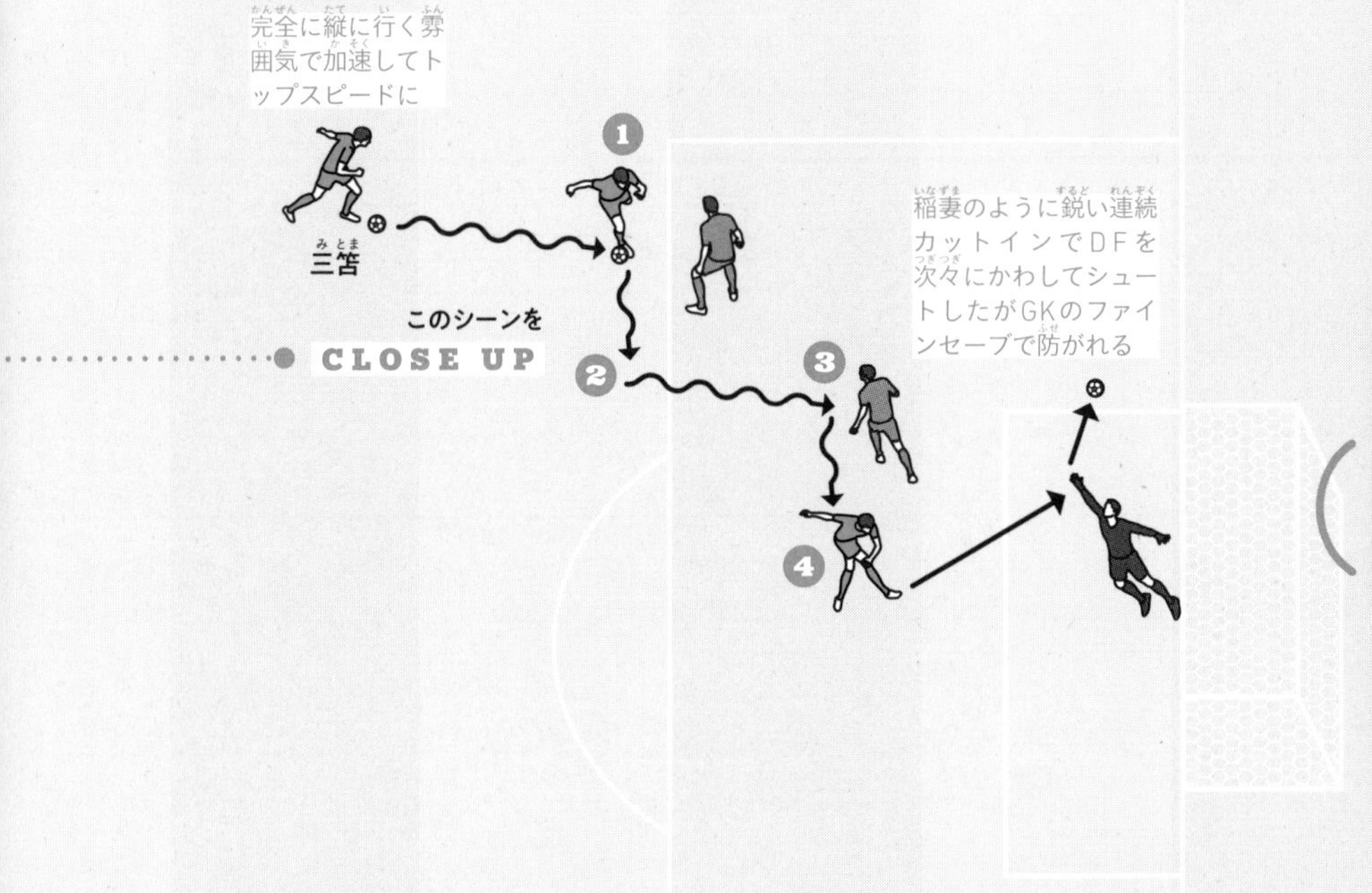

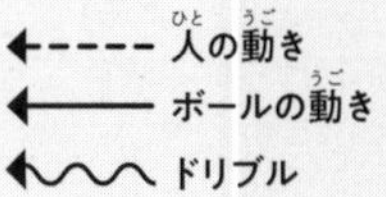

MITOMA'S COMMENT

「プロに入《はい》ってから相当練習《そうとうれんしゅう》した形《かたち》です。縦《たて》へ持《も》っていく感《かん》じから右《みぎ》アウトで切《き》り返《かえ》し、すぐに縦《たて》へ持《も》っていきました。右《みぎ》アウトのタッチは斜《なな》め前《まえ》へ出《だ》すというより、相手《あいて》の足《あし》が届《とど》かない場所《ばしょ》へ引《ひ》く。そしてそのまま右足《みぎあし》のインサイドに当《あ》ててボールを前《まえ》へ出《だ》します。このシーンではたぶん右足《みぎあし》を地面《じめん》につけないままアウト、インでボールに触《さわ》っていて、トップスピードでもこれができるんだという発見《はっけん》がありました」

2023年《ねん》4月《がつ》15日《にち》
プレミアリーグ第《だい》31節《せつ》
チェルシーvsブライトン
前半《ぜんはん》25分《ふん》

1
トップスピードから
アウトでややボールを
引《ひ》きながらカットイン
縦《たて》を警戒《けいかい》していた
DFは逆《ぎゃく》をつかれる
2
DFを抜《ぬ》いたあと
すぐに縦《たて》に方向転換《ほうこうてんかん》
3
カバーにきたDFを
再《ふた》び右足《みぎあし》アウトで
カットインしてかわす
鋭《するど》いカットインで
かわされる
4
DFを抜《ぬ》き去《さ》って
シュート

三笘《みとま》劇場《げきじょう》｜再現《さいげん》シーン 8

1対《たい》2を1対《たい》1にしてからのカットイン

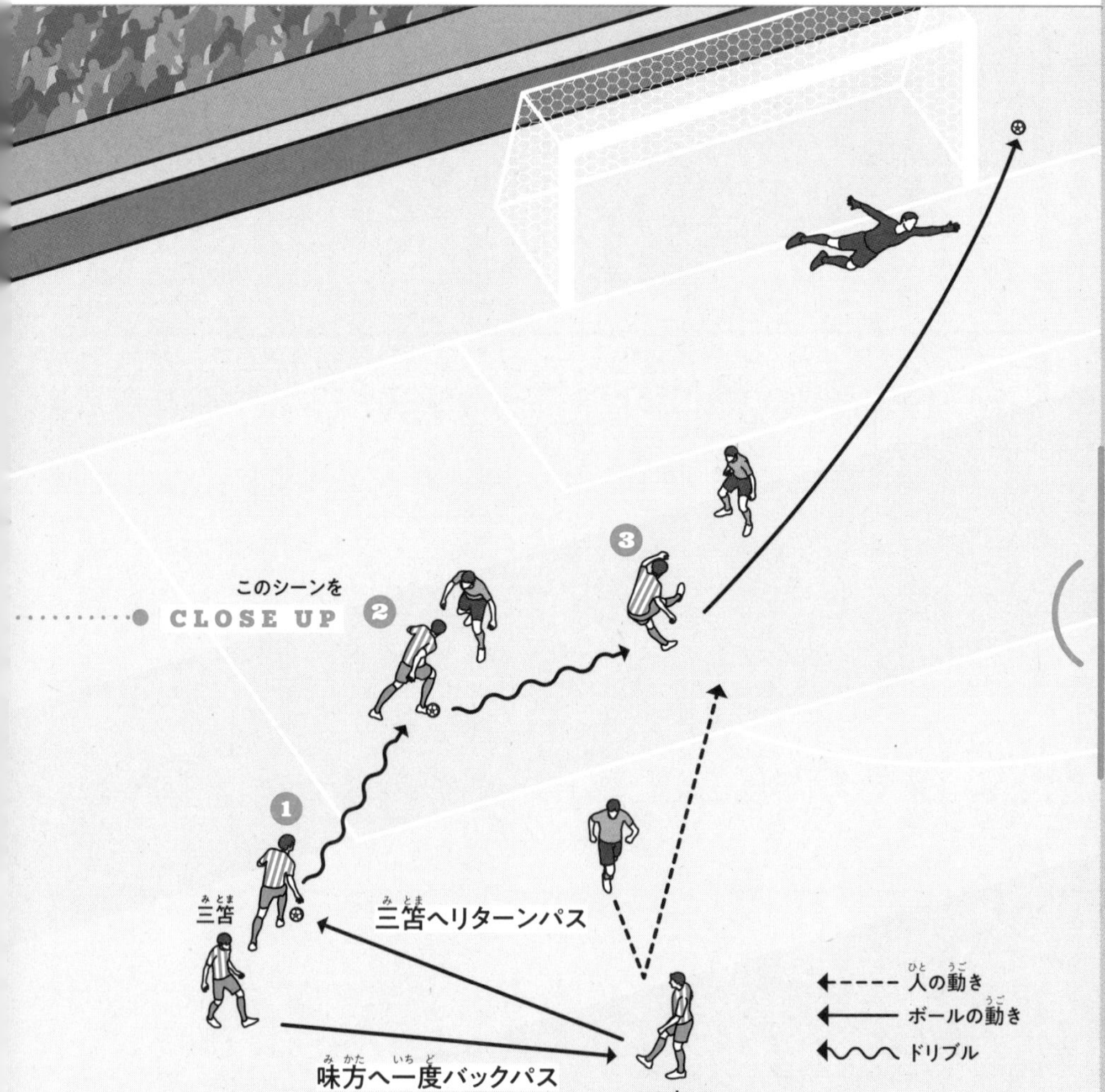

最初《さいしょ》にDFが2人《ふたり》いたため、一度《いちど》コルウィルにバックパス。DF1人《ひとり》がコルウィルに食《く》いつくことで三笘《みとま》のマークは1人《ひとり》減《へ》る。すぐにコルウィルはパスを三笘《みとま》にリターン。1対《たい》1の状況《じょうきょう》を作《つく》り出《だ》してから三笘《みとま》はカットインを仕掛《しか》ける

2023年《ねん》3月《がつ》19日《にち》
FAカップ準決勝《じゅんけっしょう》
ブライトンvsグリムズビー
後半《こうはん》15分《ふん》

1

1対《たい》1の状況《じょうきょう》を作《つく》ってから
ワンタッチで前《まえ》を向《む》いて仕掛《しか》ける

半身《はんみ》の状態《じょうたい》からインサイドで前向《まえむ》きに止《と》めて流《なが》れるように仕掛《しか》けたことでDFは詰《つ》めることができず後手《ごて》に回《まわ》る

2

縦《たて》に行《い》く動《うご》きを見《み》せてから
カットインでDFをかわす

縦《たて》を警戒《けいかい》して
腰《こし》を落《お》とす

3

カバーにきたDFを
巻《ま》くようにシュート

MITOMA'S COMMENT

「最初《さいしょ》に相手《あいて》が2人《ふたり》いたのでドリブル突破《とっぱ》は難《むずか》しいと思《おも》い、いったんサポートについた味方《みかた》にボールを下《さ》げました。これで1対《たい》2を1対《たい》1にすることができました。ボールが戻《もど》って来《き》たときは1対《たい》1になっていて仕掛《しか》けるスペースもあったので、ファーストタッチで前向《まえむ》きに仕掛《しか》けていきました。相手《あいて》の状態《じょうたい》を見《み》て、右《みぎ》へ行《い》けると考《かんが》え、左《ひだり》へステップして右足《みぎあし》アウトで相《あい》手《て》がついてこられない場所《ばしょ》へボールを動《うご》かしました。あとはカバーに出《で》てくるDFしだいですが、このケースでもニアのシュートコースを切《き》りに来《き》たので外側《そとがわ》を通《とお》るコースでファーを狙《ねら》いました。上隅《うえすみ》を狙《ねら》えば良《よ》かったですね。下《した》へ蹴《け》って少《すこ》し外《はず》してしまいました」

サッカーがうまくなる
三笘《みとま》マインド

3

時間《じかん》は有限《ゆうげん》、使《つか》い方《かた》は無限《むげん》

小《ちい》さな頃《ころ》から日本代表《にほんだいひょう》になってワールドカップに出《で》るという目標《もくひょう》を持《も》っていた僕《ぼく》は、無駄《むだ》なことをしていたらそこにはたどり着《つ》けないと思《おも》っていました。そのため、無《む》駄《だ》をそぎおとすことにはこだわってきました。

よく「頭《あたま》を使《つか》って考《かんが》えよう」と言《い》われますが、何《なん》の情報《じょうほう》も持《も》たずにいきなり考《かんが》え出《だ》しても最適《さいてき》な答《こた》えはなかなか出《だ》せないはずです。同《おな》じように、無駄《むだ》をなくすにも正《ただ》しい知識《ちしき》を持《も》つことが重要《じゅうよう》だと思《おも》っています。

自分《じぶん》に必要《ひつよう》な技術《ぎじゅつ》は何《なに》で、どういう練習《れんしゅう》をすれば身《み》につくのか。自《じ》分《ぶん》の体《からだ》のどこが弱《よわ》くて、どう強化《きょうか》すればいいのか。体《からだ》の成長《せいちょう》や疲労《ひろう》回復《かいふく》のために必要《ひつよう》な栄養《えいよう》のとり方《かた》は何《なに》がベストなのか。もともと調《しら》べるのが好《す》きだったので、本《ほん》やインターネットからエビデンス（根《こん》拠《きょ》）のある情報《じょうほう》を集《あつ》めて取捨選択《しゅしゃせんたく》していきます。情報《じょうほう》を持《も》たず闇雲《やみくも》にがんばるのと正《ただ》しい知識《ちしき》をもってがんばるのとでは効果《こうか》はまったく違《ちが》ってきます。

もしいまの知識《ちしき》をもって小学生《しょうがくせい》の自分《じぶん》にアドバイスするなら、「正《ただ》しい体《からだ》の使《つか》い方《かた》を体幹《たいかん》トレーニングと走《はし》るトレーニングで身《み》につけよう」と伝《つた》えると思《おも》います。

時間《じかん》は有限《ゆうげん》です。そしてサッカー選手《せんしゅ》には「選手寿命《せんしゅじゅみょう》」があります。1日《にち》たりとも時間《じかん》をおろそかにせず、できるだけ効率的《こうりつてき》に自分《じぶん》を向上《こうじょう》させていくことはとても大《だい》事《じ》なことだと考《かんが》えています。

CHAPTER

4

理《り》詰《づ》めの切《き》り返《かえ》し

三笘《みとま》のプレーはわかっていても止《と》められないものが多《おお》い。
切《き》り返《かえ》しもそのひとつだろう。
なぜ相手《あいて》はときに体勢《たいせい》を大《おお》きく崩《くず》すほど
三笘《みとま》の切《き》り返《かえ》しに引《ひ》っかかってしまうのか。
秘訣《ひけつ》は俳優顔負《はいゆうかおま》けの演技力《えんぎりょく》にある。
用意周到《よういしゅうとう》に張《は》り巡《めぐ》らされた「伏線《ふくせん》」を読《よ》み解《と》いていく。

LESSON 7

切《き》り返《かえ》しを活《い》かすための伏《ふく》線《せん》

切《き》り返《かえ》す前《まえ》に一《いち》度《ど》ボールを止《と》める

切《き》り返《かえ》しは最《もっと》も初《しょ》歩《ほ》的《てき》なフェイントモーションだろう。サッカーをやり始《はじ》めた人《ひと》が最《さい》初《しょ》にやるのがたぶんこれだと思《おも》う。

ただ、単《たん》純《じゅん》な切《き》り返《かえ》しにも意《い》外《がい》といろいろな種《しゅ》類《るい》があって、**三《み》笘《とま》がよく使《つか》うのはいったんボールを止《と》めてから動《うご》かす切《き》り返《かえ》し**だ。

キックモーションからボールの2センチくらい外《そと》へ右《みぎ》足《あし》を持《も》っていって止《と》める。これでボールを停《てい》止《し》させ、そのまま右《みぎ》足《あし》はボールの外《そと》へ着《ちゃく》地《ち》。

3 ボールを体《からだ》の下《した》で扱《あつか》う

POINT
ボールを足《あし》から離《はな》さない

体《からだ》の真《ま》下《した》で足《あし》もとからボールが離《はな》れないように扱《あつか》い、相《あい》手《て》の動《うご》きも一《いち》度《ど》止《と》める

4 軸《じく》足《あし》リードで突《とっ》破《ぱ》を狙《ねら》う

右《みぎ》足《あし》で引《ひ》きずるように左《ひだり》に加《か》速《そく》して縦《たて》への突《とっ》破《ぱ》をはかる

ここからは縦《たて》へぶっちぎるときと同《おな》じ動《うご》きで、右足《みぎあし》の反発《はんぱつ》ステップを使《つか》ってボールを左方向《ひだりほうこう》へ運《はこ》んでいく。**切《き》り返《かえ》すときにボールが足《あし》から離《はな》れないので、相手《あいて》の体勢《たいせい》しだいで左《ひだり》へ運《はこ》ぶか、もう一度《いちど》右《みぎ》へ持《も》っていくかの選択肢《せんたくし》がある**のがメリットだ。

――切《き》り返《かえ》すタッチでいったんボールを止《と》めてから左《ひだり》へ動《うご》く形《かたち》ですね。

三笘《みとま》　止《と》めるときに右足《みぎあし》でボールを弾《はじ》いてしまうと、右足《みぎあし》に体重《たいじゅう》がかかってしまっていてすぐに左《ひだり》には動《うご》きにくいからです。右足《みぎあし》に体重《たいじゅう》が乗《の》りすぎて体《からだ》が沈《しず》んでしまうので、反発《はんぱつ》を上手《うま》く使《つか》えない。いったんボールを止《と》めて右足《みぎあし》を着地《ちゃくち》させてから、インステップでボールを舐《な》めるような感《かん》じで左《ひだり》へ動《うご》かします【図《ず》17】。

――確《たし》かにこの方《ほう》が体重移動《たいじゅういどう》はスム

図《ず》17　切《き》り返《かえ》してボールを止《と》めてから左《ひだり》へ

キックフェイントだと気《き》づかれないように蹴《け》る雰囲気《ふんいき》を出《だ》す

右足《みぎあし》インサイドでボールを触《さわ》って弾《はじ》かないように一度《いちど》止《と》める

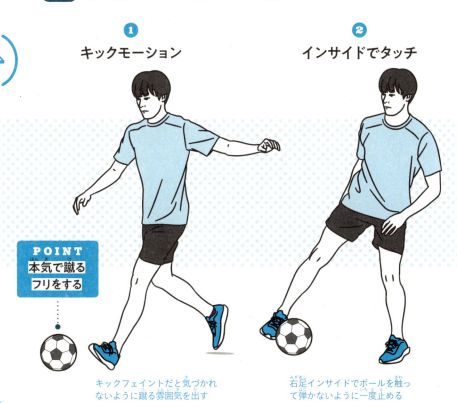

ーズですし、ボールが足《あし》から離《はな》れないので相手《あいて》にボールをつつかれるリスクもなさそうです。

三笘《みとま》　切《き》り返《かえ》したときに右足《みぎあし》がボールのすぐ近《ちか》くにあるので、相手《あいて》の状《じょう》態《たい》を見《み》て左右《さゆう》どちらへもボールを動《うご》かせます【図《ず》18】。

――このやり方《かた》にしたのはいつごろか覚《おぼ》えていますか。

三笘《みとま》　より再現《さいげん》できるようになったのは大学生《だいがくせい》のときですね。あまりスピードが出《で》ていない状況《じょうきょう》なら、この方《ほう》が速《はや》いと気《き》づきました。**DFはキックを阻《はば》もうとして足《あし》を上《あ》げるので、そこでボールを止《と》めてから、DFから遠《とお》い場所《ばしょ》へ一気《いっき》にボールを動《うご》かすと、そこで諦《あきら》めてくれる場合《ばあい》が多《おお》い**んです。

3 左《ひだり》に行《い》く雰囲気《ふんいき》を出《だ》す

POINT
ボールを
足《あし》から離《はな》さない

ボールを離《はな》さず左《ひだり》にも右《みぎ》にも行《い》ける構《かま》えを保《たも》ちながら左《ひだり》に行《い》く動《うご》きを入《い》れる

4 アウトサイドで持《も》ち出《だ》す

相手《あいて》の重心《じゅうしん》を左《ひだり》に移動《いどう》させてから右《みぎ》にアウトサイドで持《も》ち出《だ》す

MITOMA'S VOICE

左右《さゆう》どちらにも動《うご》かせるよう、切《き》り返《かえ》したときにボールを右足《みぎあし》から離《はな》さないことが大事《だいじ》です

図《ず》18 切《き》り返《かえ》してボールを止《と》めてから右《みぎ》へ

1 キックモーション

しっかりと蹴《け》る雰囲気《ふんいき》を出《だ》して相手《あいて》をあざむく

2 インサイドでタッチ

右足《みぎあし》インサイドでボールを触《さわ》って一度《いちど》しっかり止《と》める

LESSON 8

切《き》り返《かえ》しという名《な》のストーリーづくり

顔《かお》と雰《ふん》囲《い》気《き》で相《あい》手《て》を騙《だま》す

キックフェイントは単純《たんじゅん》だが効果《こうか》的《てき》だ。それは守備《しゅび》側《がわ》がキックされたくない状況《じょうきょう》であるほど効果《こうか》も大《おお》きくなる。攻撃側《こうげきがわ》からすると、いかにその状況《じょうきょう》を作《つく》るかが成否《せいひ》を握《にぎ》っているといえる。

三笘《みとま》のキックフェイントはリアリティがある。本当《ほんとう》に蹴《け》りそうであり、DFとすれば蹴《け》られたら困《こま》る、何《なん》としても阻止《そし》したい状況《じょうきょう》を事前《じぜん》に作《つく》っている。**三笘《みとま》のプレー全般《ぜんぱん》にいえることだが、プレーのストーリーを上手《じょうず》に作《つく》っていて、テクニックやスピードもさることながら、ドリブルで抜《ぬ》くならその前《まえ》に抜《ぬ》ける状況設定《じょうきょうせってい》をしている**ところが面白《おもしろ》い。

——キックフェイントによる切《き》り返《かえ》しを成功《せいこう》させるための雰囲気作《ふんいきづく》りが上手《うま》いです。

三笘《みとま》　キックモーションの前《まえ》に顔《かお》を上《あ》げるのがポイントですね【図《ず》19】。顔《かお》を上《あ》げることでキックしそうな雰《ふん》囲《い》気《き》を作《つく》ります。**相手《あいて》に何《なに》かを意識《いしき》させておくと成功率《せいこうりつ》は上《あ》がる**と思《おも》います。

——いかにもシュートしそう、クロスを上《あ》げそうに見《み》せるのですね。

三笘《みとま》　実際《じっさい》に蹴《け》るつもりのときもありますからね。けっこう**自分《じぶん》でもぎりぎりまで蹴《け》るのかやめるのか、決《き》めていないことも多《おお》いので、相手《あいて》にもわかりにくい**でしょうね。

——キックモーションからの切《き》り返《かえ》しが滑《なめ》らかで、体《からだ》のブレもない。

三笘《みとま》　もともと内股《うちまた》気味《ぎみ》なので、切《き》り返《かえ》しの動《うご》きは得意《とくい》なんです。

——顔《かお》の他《ほか》にキックのリアリティを増《ま》す方法《ほうほう》は何《なに》かありますか。

三笘《みとま》　**キックフェイントの前《まえ》にボールを大《おお》きく動《うご》かした方《ほう》が引《ひ》っかかりやすい**【図《ず》20】。大《おお》きく動《うご》かして大《おお》きく踏《ふ》み込《こ》んだほうが食《く》いついてきます。食《く》いついてこないなら、そのまま蹴《け》れますし。実際《じっさい》に蹴《け》れる状況《じょうきょう》を

図《ず》19 キックモーションの雰囲気《ふんいき》づくり

これからキックするぞという雰囲気《ふんいき》を出《だ》すためにキックモーションだけでなく顔《かお》の向《む》きも意識《いしき》する必要《ひつよう》がある

MITOMA'S VOICE

キックモーションの前《まえ》に顔《かお》を上《あ》げるのがポイントです。顔《かお》を上《あ》げることでキックしそうな雰囲気《ふんいき》を作《つく》り出《だ》すことができます

図《ず》20 キックフェイントの極意《ごくい》

作《つく》っておいて、あとは相手《あいて》しだいです。こちらが主導権《しゅどうけん》を握《にぎ》っているので、相手《あいて》の反応《はんのう》しだいで次《つぎ》のプレーを決《き》めます。あと、**対峙《たいじ》している相《あい》手《て》の背後《はいご》をカバーしているDFがいるのですが、僕《ぼく》と対峙《たいじ》している選手《せんしゅ》には背後《はいご》の状況《じょうきょう》がわかっていません。なので、それを利用《りよう》することもあります。**

――ボールを大《おお》きく動《うご》かしてからのキックフェイントが効果的《こうかてき》ですが、小《ちい》さく切《き》り返《かえ》すときもある？

三笘《みとま》　もちろんあります。切《き》り返《かえ》した後《あと》の左側《ひだりがわ》のスペースが狭《せま》い場合《ばあい》は、小《ちい》さくボールを動《うご》かして速《はや》く切《き》り返《かえ》します。それで相手《あいて》の反応《はんのう》を見《み》ます。逆《ぎゃく》に大《おお》きくボールを動《うご》かしてから切《き》り返《かえ》す場合《ばあい》は、キックフェイントでDFの逆《ぎゃく》をとれるので速《はや》くなくても大丈夫《だいじょうぶ》です。

MITOMA'S VOICE

対峙《たいじ》している相手《あいて》の背後《はいご》にDFがいる場合《ばあい》はその位置《いち》やスペースの空《あ》き具《ぐ》合《あい》によって大《おお》きく切《き》り返《かえ》すか小《ちい》さく切《き》り返《かえ》すかなどを判断《はんだん》します

③ ボールを見《み》て しっかり蹴《け》るフリ

相手《あいて》が食《く》いついてこない場《ば》合《あい》にそのまま蹴《け》れるようにしておく

④ ボールを止《と》める

相手《あいて》が食《く》いついたらボールを一度《いちど》止《と》める。右《みぎ》にも左《ひだり》にも行《い》けるようにボールを体《からだ》の下《した》で足《あし》もとから離《はな》さず扱《あつか》う

⑤ 切《き》り返《かえ》して中《なか》に運《はこ》ぶ

相手《あいて》が残《のこ》した足《あし》に引《ひ》っかからないように切《き》り返《かえ》して相《あい》手《て》の背後《はいご》か縦《たて》にボールを運《はこ》ぶ

❸
急停《きゅうてい》止《し》してふっと力《ちから》を抜《ぬ》く

❹
右足《みぎあし》アウトでボールを触《さわ》り

❼
180度《ど》ターン完了《かんりょう》

タッチライン際《ぎわ》でDFを背《せ》にしたときによくやる得意《とくい》の高《こう》速《そく》180度《ど》アウトサイドターン。DFはまさか右回《みぎまわ》りでターンしてくるとは考《かんが》えず、左《ひだり》から寄《よ》せてくるので入《い》れ替《か》わられるシーンが多《おお》い。大《おお》きく回《まわ》るとタッチラインを割《わ》ってしまうのでしっかりとボールを扱《あつか》う必要《ひつよう》がある。急《きゅう》ブレーキからのターンはまるでレーシングカーのドリフトのよう

MITOMA'S VOICE

後《うし》ろから寄《よ》せてくるDFに「バックパスを出《だ》すんだな」と思《おも》わせることが大事《だいじ》です。何度《なんど》か実際《じっさい》にバックパスしたあとにやるとより相手《あいて》はひっかかりやすいです

図《ず》21 高速《こうそく》ワンエイティ・ターン

1

顔《かお》を上《あ》げて蹴《け》る雰囲気《ふんいき》

2

大《おお》きくキックモーション

5

ボールと一緒《いっしょ》に回《まわ》る

6

右《みぎ》に回《まわ》って

三笘劇場《みとまげきじょう》｜再現《さいげん》シーン ９

切《き》り返《かえ》し3連《れん》コンボ

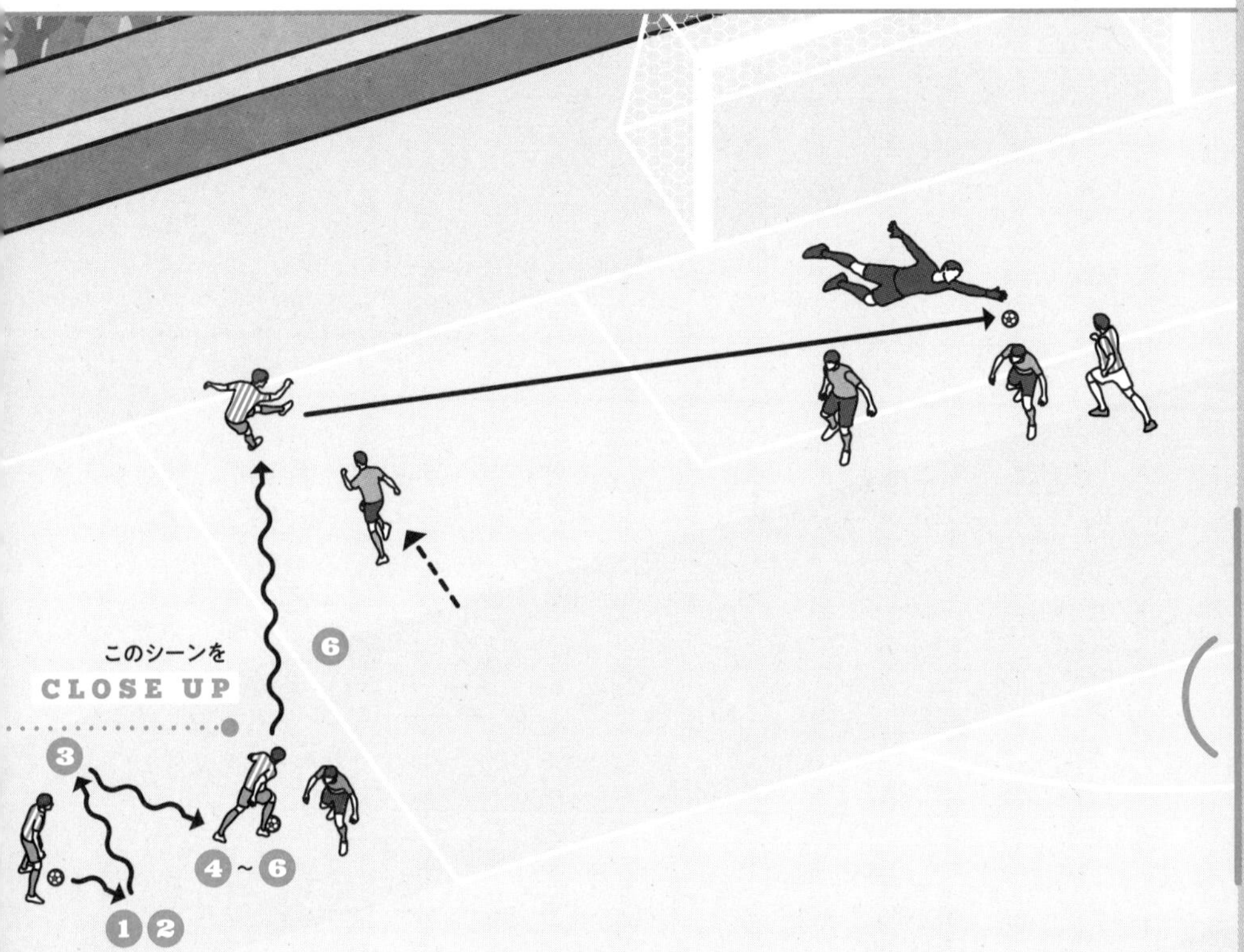

アーセナルのDFと対峙《たいじ》した三笘《みとま》は一度《いちど》右《みぎ》へ行《い》くふりで軽《かる》くステップを踏《ふ》んでキャンセル。次《つぎ》に❶で二度目《にどめ》のステップを踏《ふ》んでから❷で縦《たて》に仕掛《しか》け、❸でカットイン、❹～❻でキックフェイントの切《き》り返《かえ》しをして縦《たて》に突破《とっぱ》

←---- 人《ひと》の動《うご》き
←—— ボールの動《うご》き
←〜〜 ドリブル

MITOMA'S COMMENT

「まず右《みぎ》へ行《い》くふりをしてから（❶）、縦《たて》（左）にドリブルして（❷）、また右《みぎ》へ動《うご》かしてから（❸）キックフェイントで切《き》り返《かえ》しています（❻）。右《みぎ》、左《ひだり》と揺《ゆ》さぶってからの切《き》り返《かえ》しなので、単純《たんじゅん》なキックフェイントよりもリアリティがあると思《おも》います。顔《かお》を上《あ》げているのもポイントです。キックモーションの前《まえ》にゴール前《まえ》を見《み》るように顔《かお》を上《あ》げることでリアリティが増《ま》します」

2023年《ねん》5月《がつ》14日《か》
プレミアリーグ第《だい》36節《せつ》
アーセナルvsブライトン
前半《ぜんはん》35分《ふん》

1

再《ふたた》び右《みぎ》へ行《い》くふりをしてストップ

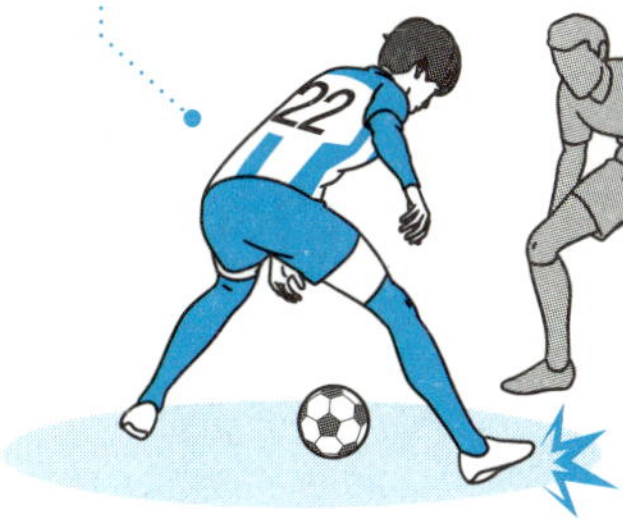

2

インサイドで引《ひ》きずるように一度《いちど》縦《たて》にボールを動《うご》かす

DFの重心《じゅうしん》が縦《たて》に移動《いどう》

3

今度《こんど》は本当《ほんとう》に右《みぎ》へボールを動《うご》かす

一度《いちど》縦《たて》に動《うご》かしてから、3度目《どめ》の正直《しょうじき》となる右《みぎ》へのカットイン。これまでのフェイントが効《き》いてDFは反応《はんのう》がやや遅《おく》れる

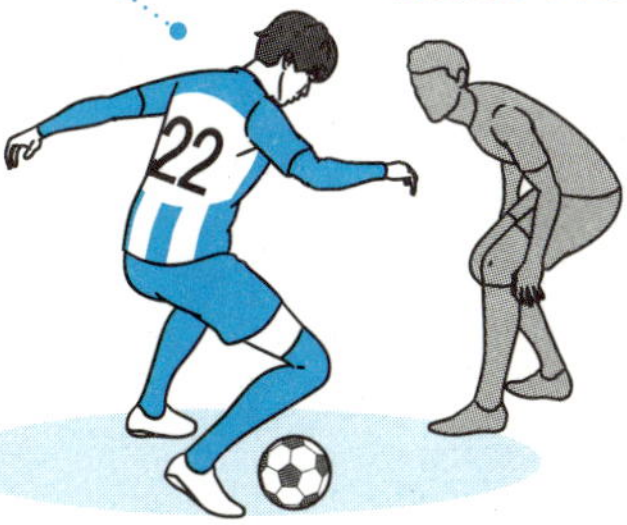

4

ゴール前《まえ》を見《み》ていかにもクロスを狙《ねら》う雰囲気《ふんいき》を出《だ》す

5

クロスを上《あ》げるキックモーション

反応《はんのう》が遅《おく》れていたDFは慌《あわ》ててクロスを防《ふせ》ごうと飛《と》び込《こ》んでくる

6

キックフェイントで縦《たて》に

クロスをブロックしようと足《あし》を上《あ》げてしまい完全《かんぜん》にフェイントにひっかかったDFは置《お》き去《ざ》りにされてしまう

三笘劇場《みとまげきじょう》｜再現《さいげん》シーン 10

キックフェイントからの切《き》り返《かえ》し①

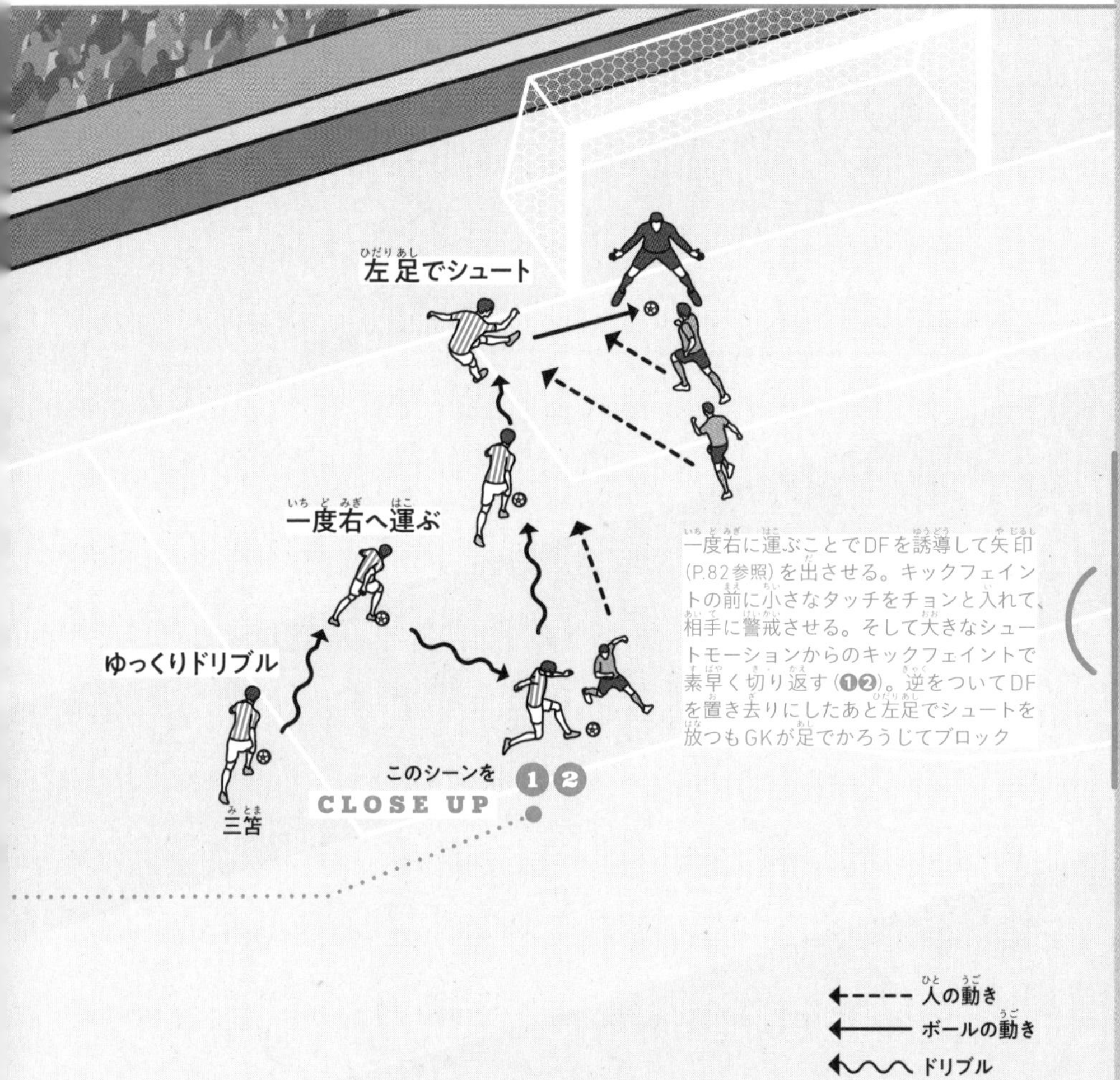

一度右《いちどみぎ》に運《はこ》ぶことでDFを誘導《ゆうどう》して矢印《やじるし》(P.82参照)を出《だ》させる。キックフェイントの前《まえ》に小《ちい》さなタッチをチョンと入《い》れて、相手《あいて》に警戒《けいかい》させる。そして大《おお》きなシュートモーションからのキックフェイントで素早《すばや》く切《き》り返《かえ》す(❶❷)。逆《ぎゃく》をついてDFを置《お》き去《さ》りにしたあと左足《ひだりあし》でシュートを放《はな》つもGKが足《あし》でかろうじてブロック

MITOMA'S COMMENT

「シュートをDFに意識《いしき》させてからの切《き》り返《かえ》しです。一《いち》度《ど》右《みぎ》へ持《も》ち出《だ》すタッチをしてからの切《き》り返《かえ》しなのですが、ワンタッチのあとにもう1つ小《ちい》さなタッチを入《い》れるとフェイントのリアリティが増《ま》すことがあります。キックモーション前《まえ》のタッチの大《おお》きさ、幅《はば》も重要《じゅうよう》です」

2023年《ねん》4月《がつ》4日《か》
プレミアリーグ第《だい》7節《せつ》
ボーンマスvsブライトン
後半《こうはん》42分《ふん》

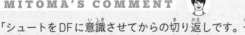

❶

小《ちい》さなタッチを入《い》れたあとの大《おお》きなキックモーションでDFに「シュートが来《く》る！」と意識《いしき》させる

❷

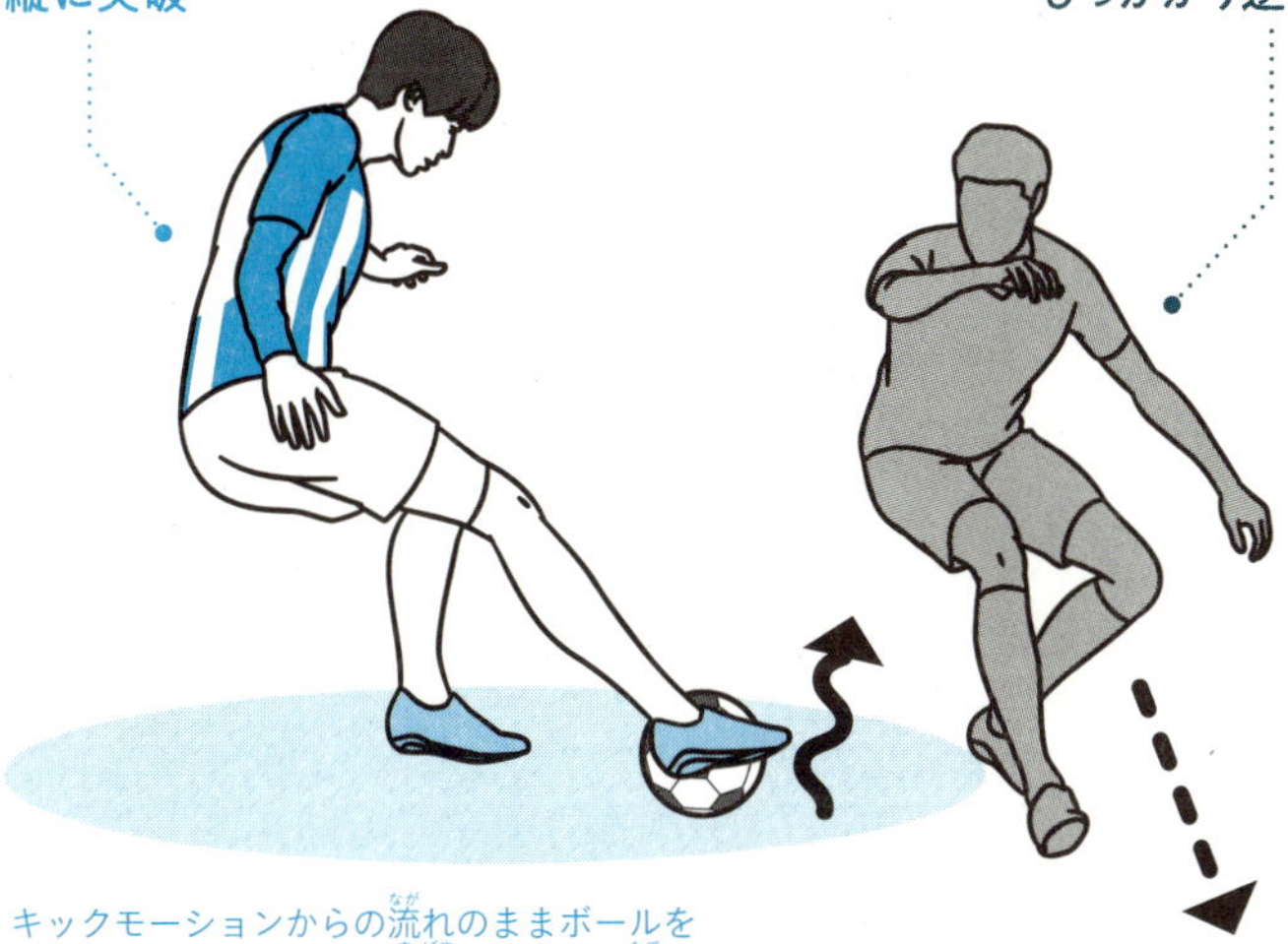

キックモーションからの流《なが》れのままボールをインサイドでタッチして素早《すばや》くそのまま縦《たて》に運《はこ》ぶことでDFを完全《かんぜん》に置《お》き去《さ》りにできる

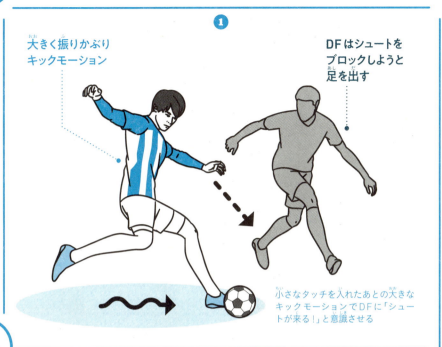

キックフェイントからの切《き》り返《かえ》し②

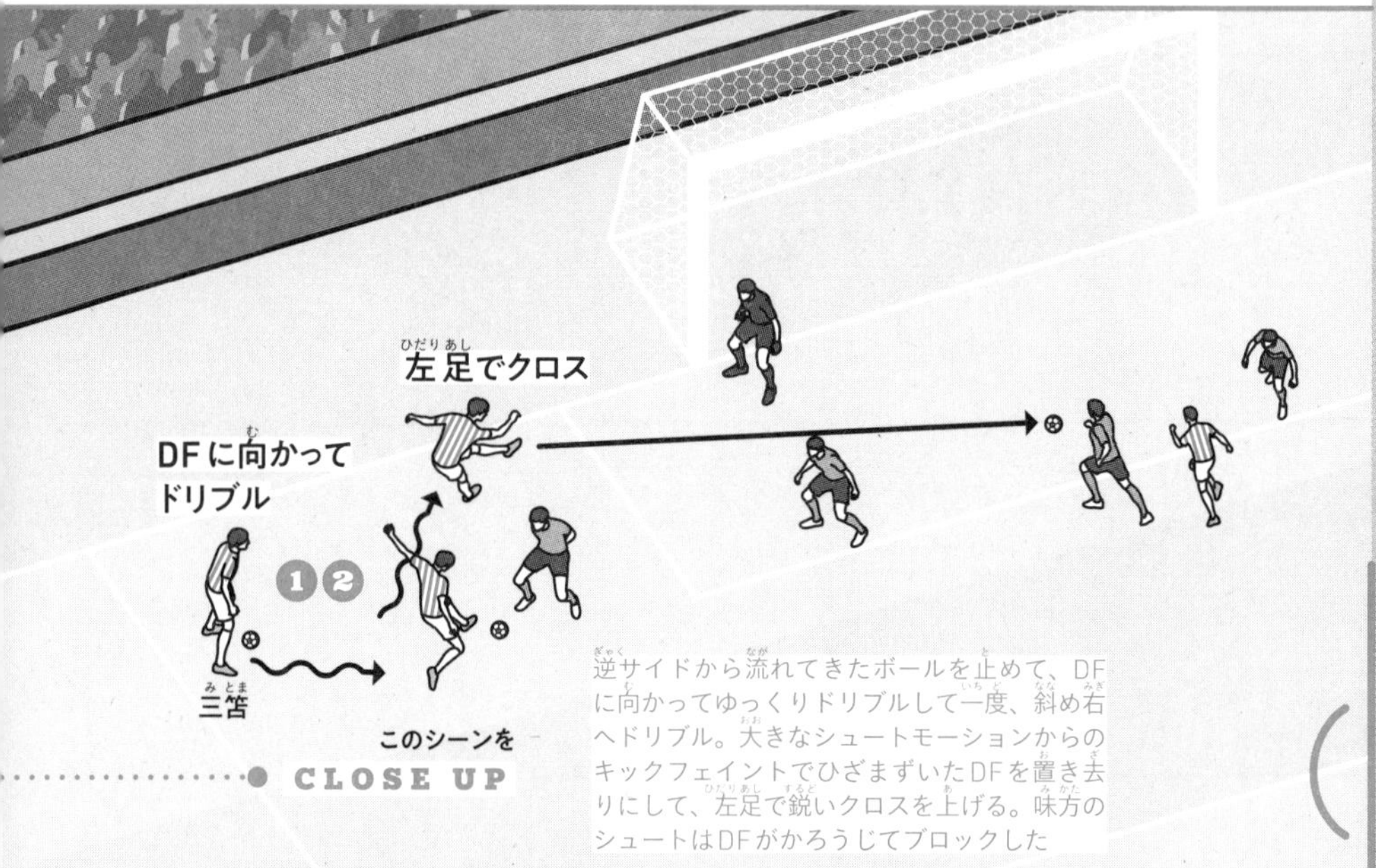

逆《ぎゃく》サイドから流《なが》れてきたボールを止《と》めて、DFに向《む》かってゆっくりドリブルして一度《いちど》、斜《なな》め右《みぎ》へドリブル。大《おお》きなシュートモーションからのキックフェイントでひざまずいたDFを置《お》き去《ざ》りにして、左足《ひだりあし》で鋭《するど》いクロスを上《あ》げる。味方《みかた》のシュートはDFがかろうじてブロックした

人《ひと》の動《うご》き
ボールの動《うご》き
ドリブル

MITOMA'S COMMENT

「1つ右《みぎ》へドリブルしたことでファーをのぞける状況《じょうきょう》になった。これでシュートと思《おも》わせられたので切《き》り返《かえ》しが効《き》いています。実際《じっさい》にはカバーのDFがいて、ファーに打《う》ったらシュートはDFに当《あ》たっていたと思《おも》いますけど、対峙《たいじ》しているDFはそれがわかりませんからね。このシーンは決《き》め打《う》ちですけど、こういうときに自分《じぶん》でもどうするか決《き》めていないことも多々《たた》あります。決《き》めていなくても勝手《かって》に体《からだ》が動《うご》く感《かん》じです」

2023年《ねん》2月《がつ》4日《か》
プレミアリーグ第《だい》22節《せつ》
ブライトンvsボーンマス
前半《ぜんはん》34分《ふん》

❶

大《おお》きく振《ふ》りかぶり
キックモーション

DFは
シュートコースに
立《た》ちふさがる

一度《いちど》斜《なな》め右《みぎ》に運《はこ》んでからのキックモーションでDFにシュートを意識《いしき》させる。DFはハンドを避《さ》けるため後《うし》ろで手《て》を組《く》んでシュートブロックの体勢《たいせい》に入《はい》る

❷

インサイドでタッチして
縦《たて》に突破《とっぱ》

キックフェイントに
ひっかかり膝《ひざ》をついてしまう

完全《かんぜん》にシュートフェイントにひっかかったDFはブロックの体勢《たいせい》のままひざをついてしまう

三笘劇場《みとまげきじょう》｜再現《さいげん》シーン 12

カットインからの切《き》り返《かえ》し

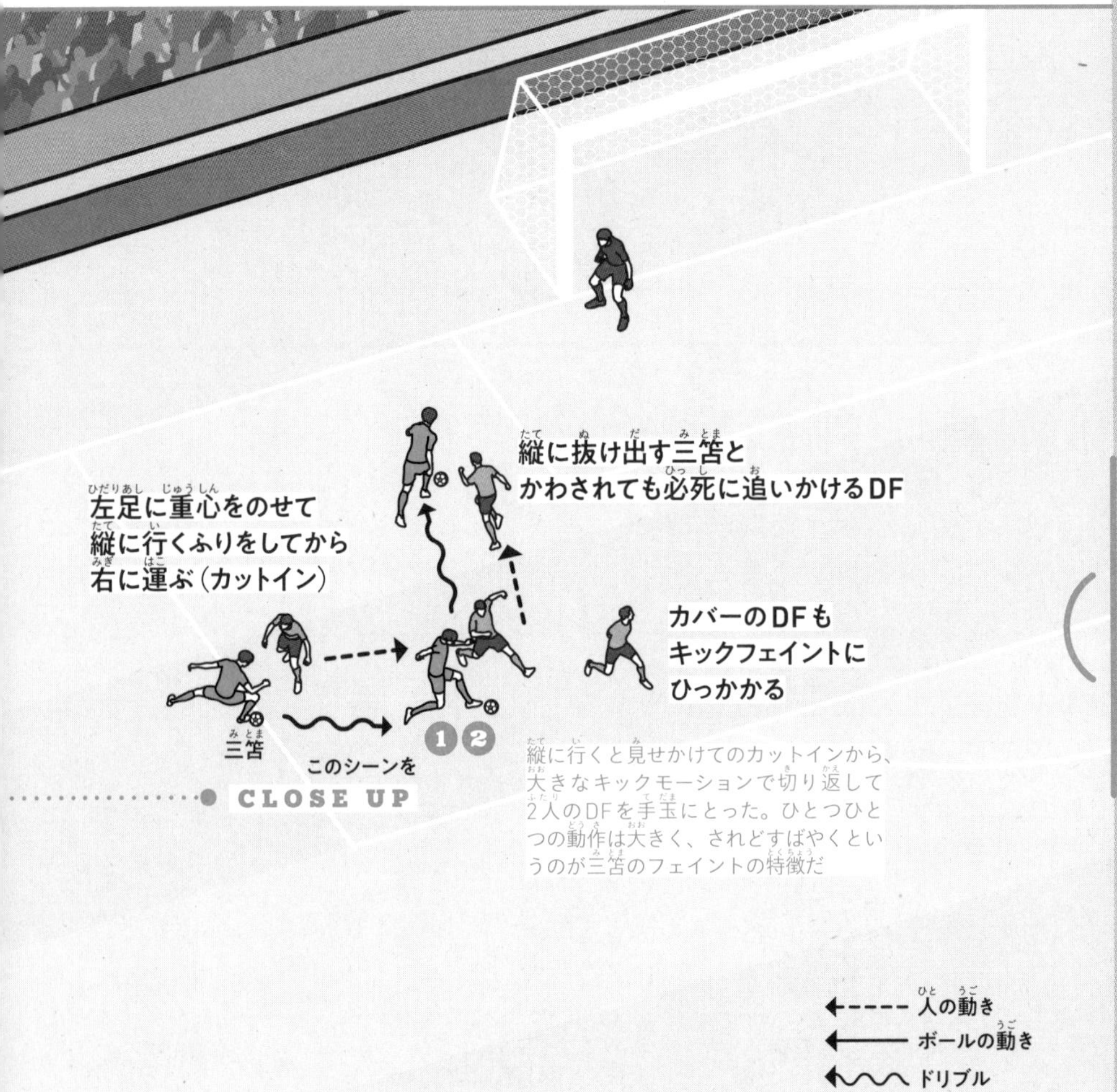

縦《たて》に行《い》くと見《み》せかけてのカットインから、大《おお》きなキックモーションで切《き》り返《かえ》して2人《ふたり》のDFを手玉《てだま》にとった。ひとつひとつの動作《どうさ》は大《おお》きく、されどすばやくというのが三笘《みとま》のフェイントの特徴《とくちょう》だ

MITOMA'S COMMENT

「ボールを大《おお》きく動《うご》かすと、相手《あいて》が食《く》いついてきます。動《うご》かし方《かた》が小《ちい》さいとDFは横《よこ》に動《うご》くだけで食《く》いついてきません。このシーンでは後方《こうほう》でカバーしているDFもシュートブロックしようとして止《と》まってしまっています」

2023年《ねん》1月《がつ》21日《か》
プレミアリーグ第《だい》21節《せつ》
レスターvsブライトン
前半《ぜんはん》22分《ふん》

1

カットインからのキックモーションにひっかかるDF2人《ふたり》。一度《いちど》、中《なか》(右《みぎ》)へ運《はこ》ぶことで相手《あいて》にシュートかクロスという選択肢《せんたくし》を感《かん》じさせることに成功《せいこう》している

2

流《なが》れるようなキックフェイントに前《まえ》のDFは完全《かんぜん》に逆《ぎゃく》をとられ、カバーのDFはシュートが来《く》ると思《おも》い顔《かお》をそむけてしまっている

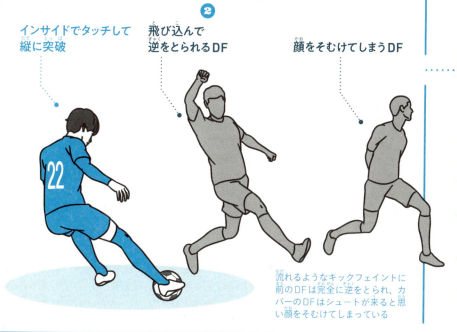

サッカーがうまくなる
三笘《みとま》マインド

4

自分《じぶん》を客観視《きゃっかんし》する

僕《ぼく》は自分《じぶん》の実力《じつりょく》を練習《れんしゅう》や試合《しあい》などでしっかり計《はか》るタイプです。

川崎《かわさき》フロンターレのU-18でプレーしていた頃《ころ》、トップチーム昇格《しょうかく》の話《はなし》を断《ことわ》って、筑波大学《つくばだいがく》への進学《しんがく》を決《き》めました。それは、実際《じっさい》にトップチームの練習《れんしゅう》に参加《さんか》させてもらい、このままプロになっても通用《つうよう》しない部分《ぶぶん》が多《おお》いと思《おも》ったからでした。スピード、持久力《じきゅうりょく》、体格《たいかく》、すべてが足《た》りないと感《かん》じていました。

大学《だいがく》ではスピードをより強化《きょうか》するために陸上部《りくじょうぶ》のコーチにアドバイスを請《こ》いました。プロになってからは周《まわ》りを見《み》る目《め》を強化《きょうか》し、自《じ》分《ぶん》のプレーを俯瞰《ふかん》できるようにしました。

自己分析《じこぶんせき》を徹底《てってい》することで、課《か》題《だい》を正《ただ》しく認識《にんしき》することができるんです。

僕《ぼく》は自分《じぶん》のプレーはほとんど記《き》憶《おく》しているのですが、映像《えいぞう》やデータ、スタッフからの意見《いけん》は自分《じぶん》を客観視《きゃっかんし》するのに役立《やくだ》ちます。ドリブルの比率《ひりつ》が多《おお》くて相手《あいて》に読《よ》まれているなとか、スプリントのスピードが足《た》りないから抜《ぬ》き切《き》れていないとか、感覚《かんかく》だけではわかりづらいことにも気《き》づくことができるからです。

主観《しゅかん》（感覚《かんかく》）と客観《きゃっかん》を組《く》み合《あ》わせると自己分析《じこぶんせき》の解像度《かいぞうど》はより高《たか》くなります。

CHAPTER

5

舞《ぶ》台《たい》を作《つく》る
パスの受《う》け方《かた》

「ボールを受《う》ける前《まえ》から勝負《しょうぶ》は始《はじ》まっている」とよく言《い》われるが、
三笘《みとま》の場合《ばあい》はボールを受《う》ける前《まえ》に
勝負《しょうぶ》が決《き》まっていることも珍《めずら》しくない。
それほど彼《かれ》はボールが来《く》る前《まえ》の駆《か》け引《ひ》きを入念《にゅうねん》に行《おこな》っている。
勝負《しょうぶ》の舞台《ぶたい》は自分《じぶん》で作《つく》りだす。
“演出家《えんしゅつか》”の予備動作《よびどうさ》に注目《ちゅうもく》してみよう。

LESSON 9

ボールを受《う》ける前《まえ》に矢印《やじるし》を出《だ》させる

矢印《やじるし》を出《だ》させて逆《ぎゃく》をつく

ドリブルで仕掛《しか》けるとき、三笘《みとま》は「抜《ぬ》ける」条件《じょうけん》を整《ととの》えている。たとえば相手《あいて》が2人《ふたり》いたら、それを1対《たい》1が2回《かい》ある形《かたち》に分解《ぶんかい》する。自分《じぶん》の狙《ねら》いを隠《かく》すために違《ちが》うフェイントや動《うご》きで相手《あいて》を欺《あざむ》くなど、自分《じぶん》に有利《ゆうり》な「舞台《ぶたい》」をあらかじめ作《つく》っておくという特徴《とくちょう》がある。

パスを受《う》けるときも同《おな》じで、自分《じぶん》が有利《ゆうり》な状況《じょうきょう》をあらかじめ作《つく》る。そこでポイントになるのが相手《あいて》に「矢《や》印《じるし》」を出《だ》させること。

2
戻《もど》って受《う》ける

相手《あいて》の矢印《やじるし》とは逆《ぎゃく》の方向《ほうこう》に
戻《もど》ってパスを受《う》ける

矢印《やじるし》とは、相手《あいて》の動《うご》きの方向《ほうこう》を指《さ》す。相手《あいて》を動《うご》かしておいて、その逆《ぎゃく》をついていく。その駆《か》け引《ひ》きなしだと「かなりキツい」と言《い》うのだ。

――パスを受《う》けるときの動《うご》き方《かた》について教《おし》えてください。

三笘《みとま》　受《う》ける前《まえ》の動《うご》きとしては、①縦《たて》に行《い》って戻《もど》る【図《ず》22】、②DFが寄《よ》ってきたら縦《たて》へ【図《ず》23】、③中《なか》へ行《い》くと見《み》せかけて外《そと》へ開《ひら》く【図《ず》24】。他《ほか》にもいろいろありますが、すべて相手《あいて》しだいです。もちろんボールの状況にもよりますが、**優先順位《ゆうせんじゅんい》はまず裏《うら》**です。

――パスが来《き》て、その途中《とちゅう》で相手《あいて》の動《うご》きも確認《かくにん》するのですが、いつボールを見《み》て、いつ相手《あいて》を見《み》るのでしょうか。

三笘《みとま》　ボールが来《き》ているなら、ボールを中心《ちゅうしん》に見《み》て相手《あいて》は間接視野《かんせつしや》でと

図《ず》22　矢《や》印《じるし》を出《だ》させるパスの受《う》け方《かた》①　縦《たて》に行《い》くと見《み》せて戻《もど》る

らえます。

――ファーストタッチはどうすればいいですか。

三笘《みとま》　ファーストタッチでかわすのが最善《さいぜん》ですね。それが難《むずか》しければ、こちらが仕掛《しか》けていける状況《じょうきょう》にします。それも難《むずか》しい場合《ばあい》はボールを失《うしな》わないこと。この3つの段階《だんかい》で考《かんが》えます。

――ファーストタッチでかわすのは、相手《あいて》がコントロールの瞬間《しゅんかん》を狙《ねら》ってつっこんでくる場合《ばあい》ですね。

三笘《みとま》　かわす場合《ばあい》もそうですが、**ボールを受《う》ける前《まえ》に相手《あいて》に「矢印《やじるし》」を出《だ》させるようにします。僕《ぼく》の方《ほう》へ来《く》る矢印《やじるし》か、逆《ぎゃく》に下《さ》がる矢印《やじるし》か。どちらかの矢印《やじるし》を出《だ》させる。**その駆《か》け引《ひ》きの中《なか》で相手《あいて》との距離感《きょりかん》を探《さぐ》ります。具体的《ぐたいてき》にはボールに寄《よ》る、離《はな》れるという動《うご》きで相手《あいて》の「矢印《やじるし》」を誘導《ゆうどう》します。

――プレミアリーグは寄《よ》せてくるの

❷

逆《ぎゃく》をついて縦《たて》に

DFが寄《よ》ってきたら矢印《やじるし》の逆《ぎゃく》をつき縦《たて》に走《はし》ってパスを受《う》ける

が速《はや》いですから、パスを受《う》ける前《まえ》の駆《か》け引《ひ》きはかなり重要《じゅうよう》そうですね。

三笘《みとま》　それなしではキツいです。プレミアだと、狭《せま》いエリアで受《う》けるときはほぼガツンと来《き》ますね。**トップクラスのゲームになるほど明確《めいかく》に違《ちが》ってくるのは守備《しゅび》**なんです。攻撃《こうげき》での身体能力《しんたいのうりょく》も違《ちが》ってきますけど、明《めい》確《かく》に上《あ》がるのは守備意識《しゅびいしき》です。自由《じゆう》にボールを持《も》てる時間《じかん》がなくなります。Ｊリーグ、ベルギー、イングランドのリーグを経験《けいけん》してきて、自分《じぶん》の身体能力《しんたいのうりょく》を向上《こうじょう》させることで順応《じゅんのう》してきましたが、レベルが上《あ》がるほど守備意識《しゅびいしき》が高《たか》く、守備《しゅび》の能力《のうりょく》も高《たか》い印象です。

——味方《みかた》からのパスの強弱《きょうじゃく》によっても選択《せんたく》は変《か》わりますか。

三笘《みとま》　**ボールが遅《おそ》いときは、足下《あしもと》に到達《とうたつ》する前《まえ》にボディフェイントを使《つか》います。**こちらが動《うご》くことで、相手《あいて》

図23　矢印《やじるし》を出《だ》させるパスの受《う》け方《かた》②　戻《もど》って受《う》けると見《み》せて縦《たて》へ

①

戻《もど》りながら受《う》ける動《うご》き

図《ず》22とは逆《ぎゃく》に戻《もど》ってパスを受《う》ける動《うご》きをして矢《や》印《じるし》を出《だ》させる

のプレッシャーの方向《ほうこう》を変《か》えさせる【図《ず》25】。逆《ぎゃく》にボールが速《はや》いときは、その余裕《よゆう》はないのでボールに触《さわ》ることを優先《ゆうせん》します【図《ず》26】。ボールを動《うご》かして相手《あいて》との距離《きょり》をとるようにします。

❷

外《そと》へ開《ひら》いて受《う》ける

MITOMA'S VOICE

ボールを受《う》ける前《まえ》に相手《あいて》の矢印《やじるし》を出《だ》させることで逆《ぎゃく》をとりやすくなります

図《ず》24 矢印《やじるし》を出《だ》させるパスの受《う》け方《かた》③ 中《なか》に行《い》くと見《み》せて外《そと》へ

❶

中《なか》に向《む》かって動《うご》く

中《なか》へ動《うご》いてDFに矢印《やじるし》を出《だ》させる

図《ず》25 相手《あいて》のプレッシャーの方向《ほうこう》を変《か》えさせる受《う》け方《かた》

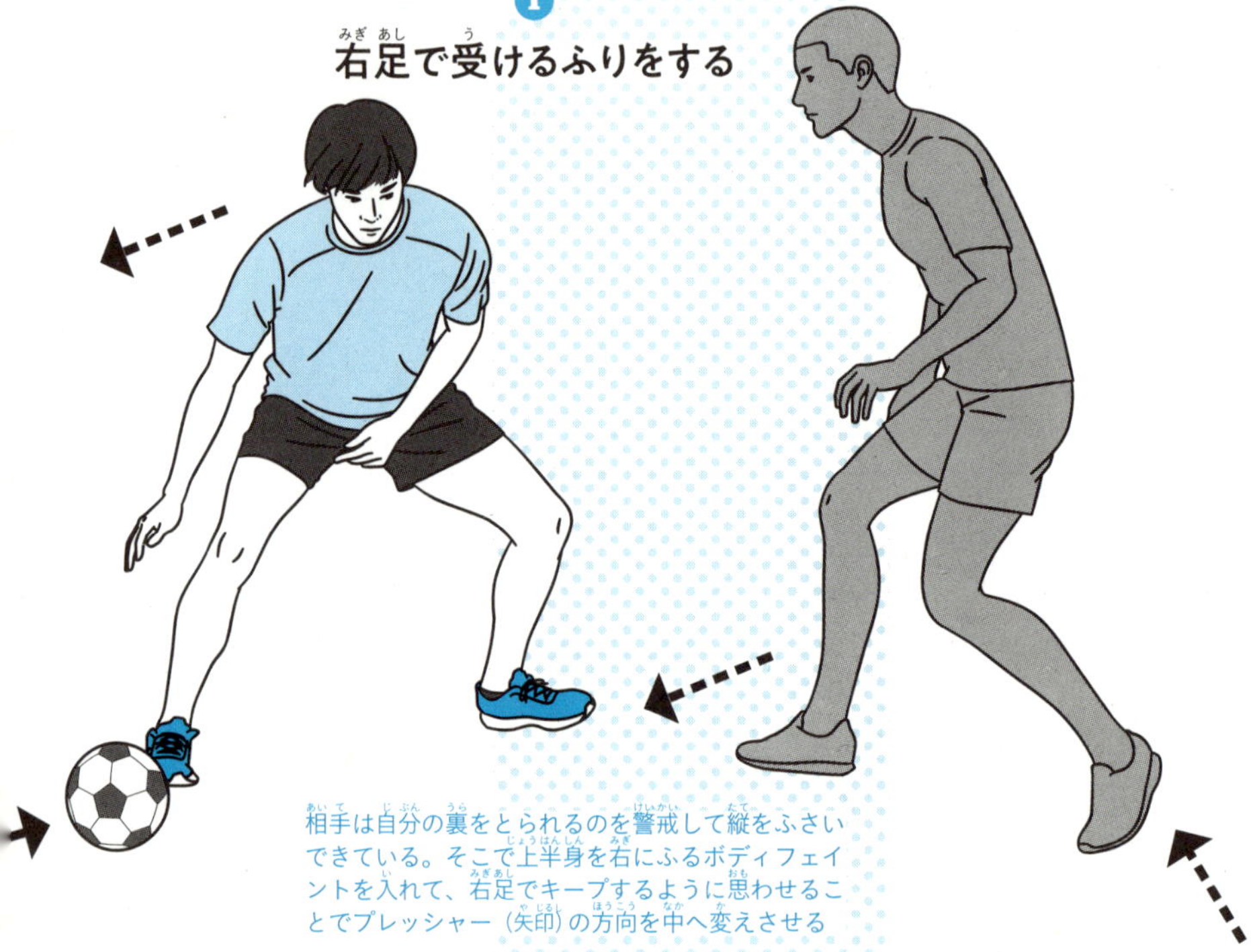

1

右足《みぎあし》で受《う》けるふりをする

相手《あいて》は自分《じぶん》の裏《うら》をとられるのを警戒《けいかい》して縦《たて》をふさいできている。そこで上半身《じょうはんしん》を右《みぎ》にふるボディフェイントを入《い》れて、右足《みぎあし》でキープするように思《おも》わせることでプレッシャー（矢印《やじるし》）の方向《ほうこう》を中《なか》へ変《か》えさせる

2

左足《ひだりあし》へ流《なが》して受《う》ける

左足《ひだりあし》へボールを流《なが》してコントロール。縦《たて》に抜《ぬ》いていく

図《ず》26 パスが速《はや》いときの受《う》け方《かた》

❶ DFから遠《とお》い方《ほう》の足《あし》で受《う》ける

パスが速《はや》くてDFも寄《よ》せてきて
いるときは遠《とお》い方《ほう》の足《あし》で受《う》ける

❷ DFとの距離《きょり》をとる

ボールを動《うご》かしてDFとの
距離《きょり》をなるべく確保《かくほ》する

LESSON 10

受《う》けると同時《どうじ》にマークを外《はず》す

受《う》けるタイミングで相手《あいて》と入《い》れ替《か》わる

相手《あいて》の寄《よ》せが速《はや》い場合《ばあい》、三笘《みとま》はパスを受《う》けると同時《どうじ》に相手《あいて》と入《い》れ替《か》わるプレーをよく行《おこな》っている。

その中《なか》で代表的《だいひょうてき》なのがインサイドで止《と》めて、アウトサイドで縦《たて》へ抜《ぬ》け出《だ》していく形《かたち》【図《ず》27】。「これができると便利《べんり》です。たいていのDFはひっかかります」と言《い》うくらいのコントロールだ。

――相手《あいて》を背負《せお》う形《かたち》でのコントロールですが、2タッチでかわしていま

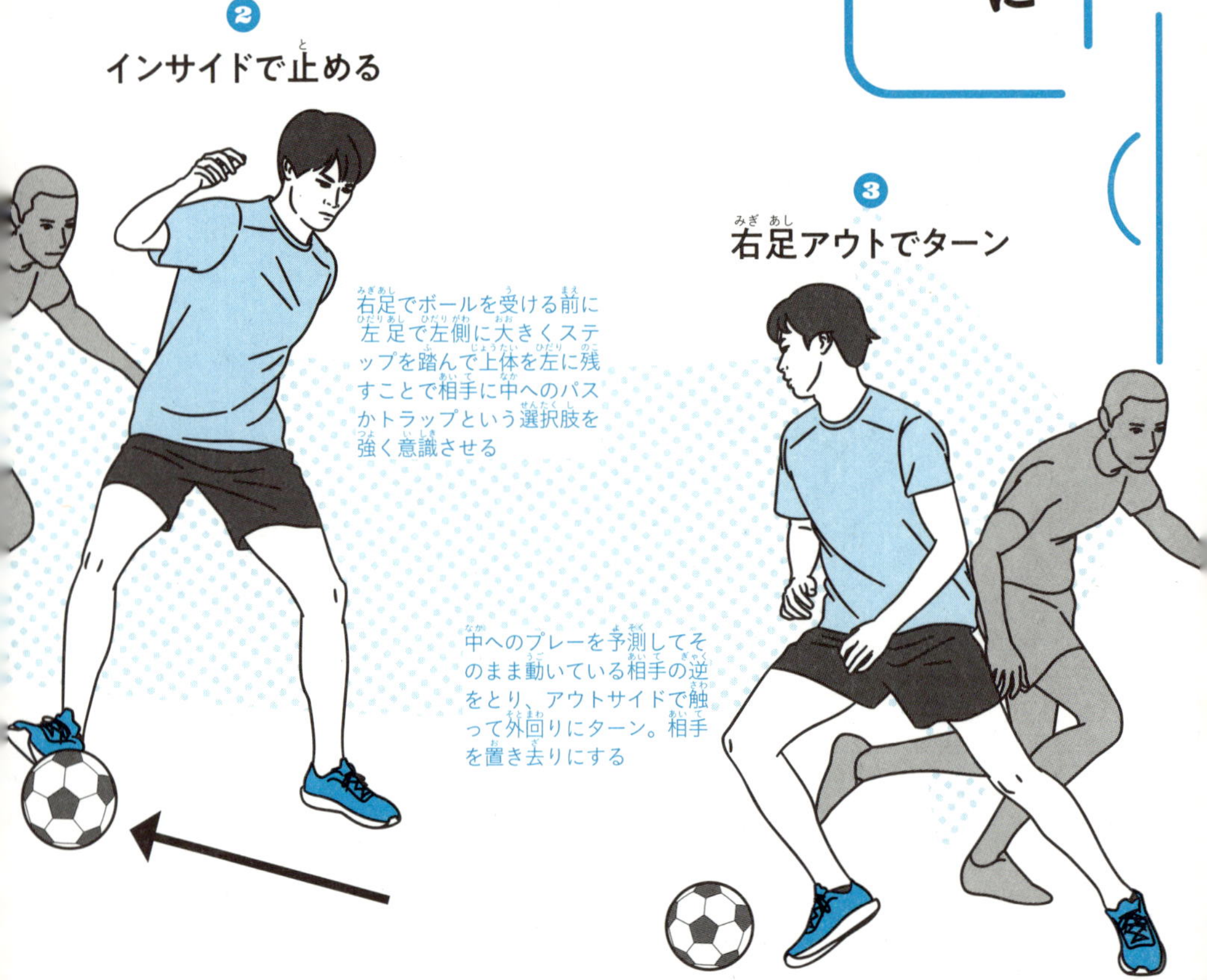

2
インサイドで止《と》める
右足《みぎあし》でボールを受《う》ける前《まえ》に左足《ひだりあし》で左側《ひだりがわ》に大《おお》きくステップを踏《ふ》んで上体《じょうたい》を左《ひだり》に残《のこ》すことで相手《あいて》に中《なか》へのパスかトラップという選択肢《せんたくし》を強《つよ》く意識《いしき》させる
3
右足《みぎあし》アウトでターン
中《なか》へのプレーを予測《よそく》してそのまま動《うご》いている相手《あいて》の逆《ぎゃく》をとり、アウトサイドで触《さわ》って外回《そとまわ》りにターン。相手《あいて》を置《お》き去《ざ》りにする

すね。パスに寄《よ》って行《い》ってインサイドでコントロール、その後《あと》にアウトでタッチして右回《みぎまわ》りにターンしてマークを外《はず》す。簡単《かんたん》そうにやっていますけどかなり難《むずか》しい。

三笘《みとま》　最初《さいしょ》のインサイドのタッチでボールを止《と》めますが、体《からだ》はそのまま左側《ひだりがわ》へ流《なが》れますからね。相手《あいて》とボールの間《あいだ》に体《からだ》を入《い》れる感《かん》じですが、自分《じぶん》の左側《ひだりがわ》へ大《おお》きくステップしながら、右足《みぎあし》でボールを止《と》めます。**体《からだ》は左方《ひだりほう》向《こう》へ流《なが》れていますが、ボールは止《と》まっているイメージ**ですね。相手《あいて》からすると、ワンタッチで中《なか》へパスするように見《み》えると思《おも》います。しかし、**中《なか》へ行《い》くように見《み》せかけてボールは動《うご》かさない。体《からだ》を動《うご》かしながらボールを止《と》めるには高《たか》い技術《ぎじゅつ》が必要《ひつよう》です。**

――ボールに寄《よ》って止《と》めて、一歩《いっぽ》だけ体《からだ》が行《い》き過《す》ぎるような感《かん》じですね。

三笘《みとま》　ボールを止《と》めた瞬間《しゅんかん》は、相手《あいて》

図《ず》27　インサイド＆アウトターン

❶

パスを迎《むか》えに行《い》く

パスを待《ま》つのではなく寄《よ》って行《い》く
ことで相手《あいて》に矢印《やじるし》を出《だ》させる

からボールは見《み》えていないと思《おも》います。すでに方向性《ほうこうせい》は出《で》ているので、中《なか》へ止《と》めるか蹴《け》ると予測《よそく》してそのまま動《うご》いてしまう。こちらが先《さき》に方向《ほうこう》を変《か》えるとほぼついてこられない。

——次《つぎ》はまた違《ちが》うバージョンですね。

三笘《みとま》　**ボールを止《と》める瞬間《しゅんかん》を狙《ねら》って、相手《あいて》が背後《はいご》から足《あし》を出《だ》してくるので、その足《あし》の上《うえ》にボールを浮《う》かせて越《こ》えていきます**【図《ず》28】。

——浮《う》かせるときのタッチは足《あし》のどのあたりですか。

三笘《みとま》　インフロントです。感覚的《かんかくてき》にはつま先《さき》と足裏《あしうら》の間《あいだ》くらい。チョンとボールの下《した》を触《さわ》れば浮《う》きます【図《ず》29】。**速《はや》いボールなので浮《う》けば相手《あいて》方《ほう》向《こう》へ流《なが》れていきますから、意識《いしき》としては上《うえ》へ浮《う》かせるだけでいいです。**ボールは相手《あいて》が出《だ》してくる足《あし》の上《うえ》を通《つう》過《か》させます。

3

相手《あいて》の足《あし》を越《こ》えさせる

止《と》める瞬間《しゅんかん》を狙《ねら》って足《あし》を出《だ》してくる相手《あいて》の足上《あしうえ》を通過《つうか》させる。同時《どうじ》に自分《じぶん》も相手《あいて》の裏《うら》に抜《ぬ》けていく

図《ず》28 浮《う》かせて抜《ぬ》く

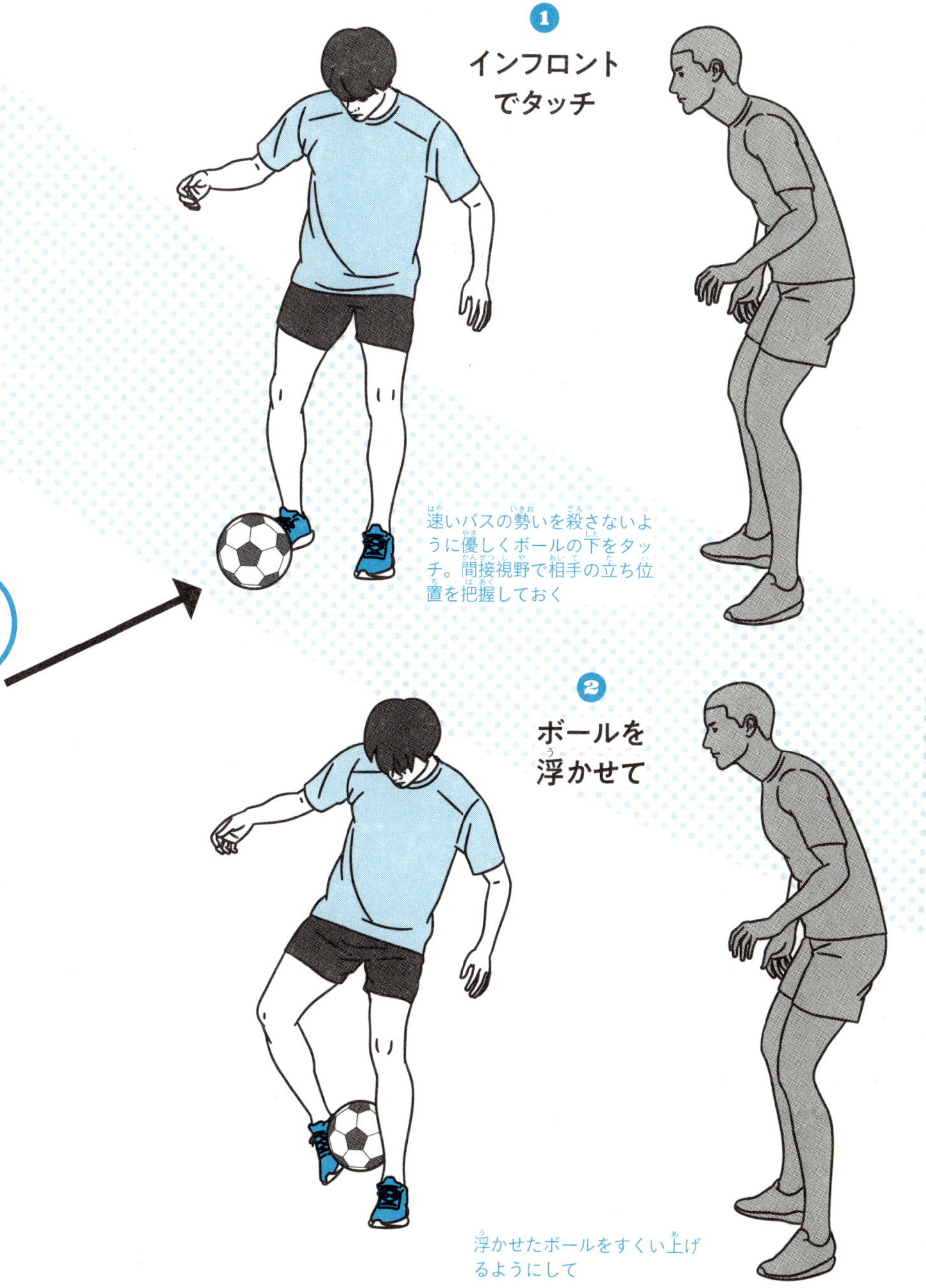

❸ ボールと一緒《いっしょ》に右足《みぎあし》も浮《う》かせる

ボールがそのまま相手方向《あいてほうこう》に行《い》けばボールには触《さわ》らず添《そ》えるだけ

❹ ボールの勢《いきお》いをプッシュ

ボールが相手方向《あいてほうこう》ではなく真《ま》上《うえ》に上《あ》がってしまったり、勢《いきお》いが止《と》まりそうだったら軽《かる》くかかとあたりでプッシュする

ボールの下《した》をインフロントでチョンと触《さわ》るだけで浮《う》く

図《ず》29 インフロントで浮《う》かせるコツ

❶ ボールから目《め》を離《はな》さない

ボールが来《き》ているときはボールから目《め》を離《はな》さない

❷ ボールの下《した》を触《さわ》る

ボールに勢《いきお》いがあればインフロント（つま先《さき》と足裏《あしうら》の間《あいだ》ぐらい）でボールの下《した》をチョンと触《さわ》るだけで浮《う》く

MITOMA'S VOICE

速《はや》いボールのときは上《うえ》へ浮《う》かせるだけで、相手方《あいてほう》向《こう》へ流《なが》れていきます

LESSON 11

浮《う》き球《だま》のコントロール

指《ゆび》でボールをキャッチする

――浮《う》き球《だま》のコントロールについて教《おし》えてください。

三笘《みとま》　ボールに当《あ》てるのは足《あし》の指《ゆび》ですね。指《ゆび》をそらせると、薬指《くすりゆび》と小指《こゆび》の付《つ》け根《ね》あたりが平《たい》らになると思《おも》いますが、そこでボールをキャッチする感《かん》じになります【図《ず》30】。

――指《ゆび》に近《ちか》い場所《ばしょ》でボールに触《さわ》る。

三笘《みとま》　**広《ひろ》い面《めん》に当《あ》ててしまうと跳《は》ね返《かえ》りやすいので。**また、止《と》めるときにボールを見《み》すぎないこと。下《した》を向《む》いて猫背《ねこぜ》になってしまうのは良《よ》くな

図《ず》30　浮《う》き球《だま》の止《と》め方《かた》

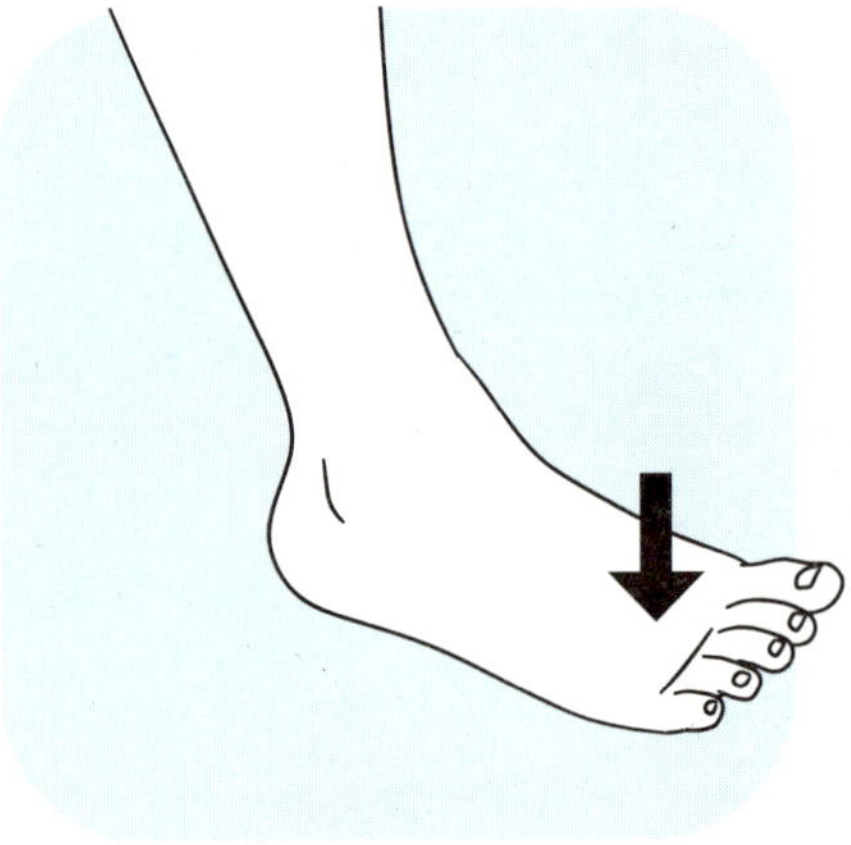
足《あし》の指《ゆび》で
キャッチするイメージ
三笘《みとま》の場合《ばあい》は指《ゆび》をそらせて、薬指《くすりゆび》と
小指《こゆび》の付《つ》け根《ね》あたりの平《たい》らな部分《ぶぶん》で
キャッチする感覚《かんかく》で止《と》めている

足首《あしくび》の角度《かくど》で
調整《ちょうせい》する
ボールの角度《かくど》に合《あ》わせて足首《あしくび》
の角度《かくど》を調整《ちょうせい》してボールが跳《は》
ねないようにキャッチする

いと思《おも》います。姿勢《しせい》はなるべく立《た》てて、顔《かお》も下《した》を向《む》かないようにします【図《ず》31】。

——けっこうな勢《いきお》いで飛《と》んできたボールをスッと地面《じめん》に置《お》くように止《と》めていますね。

三笘《みとま》　飛《と》んでくるボールの角度《かくど》によって足首《あしくび》を調整《ちょうせい》して、正確《せいかく》に当《あ》てたい場所《ばしょ》に当《あ》てます。また、**縦方向《たてほうこう》へ行《い》きたいのか、その場《ば》で止《と》まるのか、中《なか》へ持《も》っていきたいのか、次《つぎ》の動《うご》きに移行《いこう》しやすい場所《ばしょ》にボールを止《と》めることも重要《じゅうよう》**です。その場《ば》に止《と》めるだけならインサイドでもいいと思《おも》いますが、コントロールを縦《たて》へのドリブルの一歩目《いっぽめ》にするにはアウトを使《つか》った方《ほう》がスムーズですね。いずれにしても**ボールが体《からだ》から離《はな》れないように止《と》めることが大事《だいじ》**です。

図《ず》31　浮《う》き球《だま》を止《と》めるときの姿勢《しせい》

三笘《みとま》劇場《げきじょう》｜再現《さいげん》シーン 13

ワンタッチで抜《ぬ》く

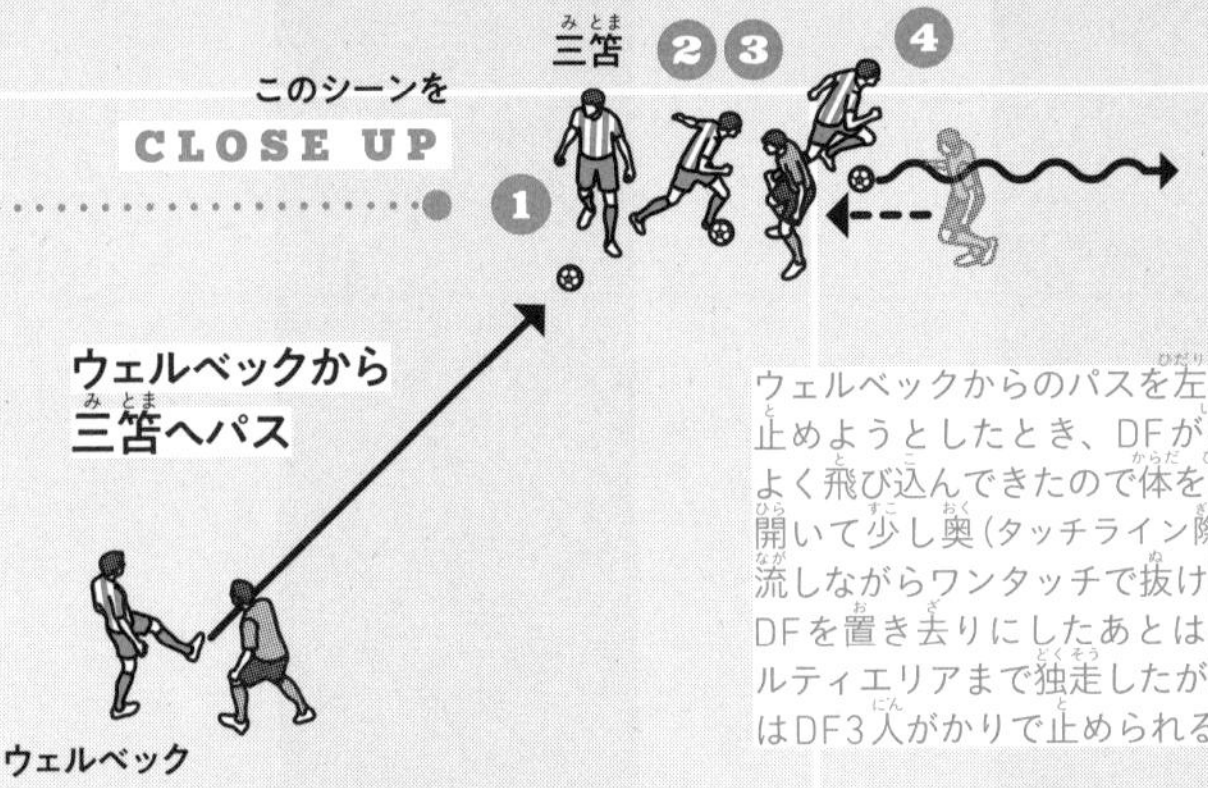

ウェルベックからのパスを左足《ひだりあし》で止《と》めようとしたとき、DFが勢《いきお》いよく飛《と》び込《こ》んできたので体《からだ》を左《ひだり》に開《ひら》いて少《すこ》し奥《おく》(タッチライン際《ぎわ》)に流《なが》しながらワンタッチで抜《ぬ》け出《だ》す。DFを置《お》き去《ざ》りにしたあとはペナルティエリアまで独走《どくそう》したが最後《さいご》はDF3人《にん》がかりで止《と》められる

人《ひと》の動《うご》き
ボールの動《うご》き
ドリブル

MITOMA’S COMMENT

「ウェルベックのパスが左足《ひだりあし》に来《き》ました。相手《あいて》が飛《と》び込《こ》んでこなかったら、左足《ひだりあし》で止《と》めて様子《ようす》を見《み》るつもりでしたが、思《おも》いっきり飛《と》び込《こ》んできたので、『いける』と思《おも》ってファーストタッチで前《まえ》へ出《だ》しました。ワンタッチで入《い》れ替《か》わるのが理想《りそう》ですが、なかなか難《むずか》しい。なので、右足《みぎあし》の前《まえ》にボールを置《お》くか、相手《あいて》の矢印《やじるし》から少《すこ》しずれた場所《ばしょ》に置《お》いてスピードに乗《の》れるようにするか。仕掛《しか》けるときは、いったん相手《あいて》の動《うご》きを止《と》めるイメージです」

2023年《ねん》5月《がつ》14日《か》
プレミアリーグ第《だい》36節《せつ》
アーセナルvsブライトン
後半《こうはん》22分《ふん》

1

止《と》める瞬間《しゅんかん》を狙《ねら》って
DFが飛《と》び込《こ》んでくる

左《ひだり》足《あし》でパスを止《と》めようとしたとき、DFが勢《いきお》いよく寄《よ》せてくるのを間接《かんせつ》視野《しや》で把握《はあく》

2

ボールを左《ひだり》に
流《なが》しながら……

止《と》めるのをやめて、体《からだ》を左《ひだり》に開《ひら》きながらやや奥《おく》(タッチライン際《ぎわ》)にボールを流《なが》して……

3

ワンタッチで
前《まえ》に出《だ》して抜《ぬ》く

ワンタッチでボールを前《まえ》に出《だ》しながら、相手《あいて》の右側《みぎがわ》をすり抜《ぬ》けるように加速《かそく》

4

完全《かんぜん》に入《い》れ替《か》わり
DFを置《お》き去《ざ》りにする

DFはワンタッチで入《い》れ替《か》わられたことで完全《かんぜん》に置《お》き去《ざ》りにされる

半身《はんみ》で受《う》けて抜《ぬ》く

このシーンを
CLOSE UP

1 2 軸足《じくあし》（右足《みぎあし》）リードで
縦《たて》に抜《ぬ》け出《だ》す

GKからのライナー性《せい》のロングキックを一発《いっぱつ》でぴたりと止《と》める得意《とくい》のトラップ。相手《あいて》の動《うご》きがわかるように半身《はんみ》で受《う》ける。右《みぎ》にも左《ひだり》にも行《い》ける位置《いち》に完璧《かんぺき》に止《と》めるので相手《あいて》は飛《と》び込《こ》めない。ステップで左《さ》右《ゆう》に揺《ゆ》さぶったあと、縦《たて》に仕《し》掛《か》けて抜《ぬ》け出《だ》すもDFが身《み》を投《な》げ出《だ》してのスライディングでクリア

← - - - - 人《ひと》の動《うご》き
←―――― ボールの動《うご》き
←〜〜〜 ドリブル

MITOMA'S COMMENT

「パスを受《う》けるときは、なるべく半身《はんみ》で受《う》けるようにします。完全《かんぜん》に相手《あいて》に背中《せなか》を見《み》せた状態《じょうたい》で受《う》けるとドカンと当《あ》たりに来《く》るので。こちらに左右《さゆう》のチョイス（選択肢《せんたくし》）があると、相手《あいて》は当《あ》たってこられなくなります。半身《はんみ》で受《う》けて、相手《あいて》の距離《きょり》を広《ひろ》げる。あとは相手《あいて》の動《うご》きと状況《じょうきょう》しだいですね」

2023年《ねん》5月《がつ》14日《か》
プレミアリーグ第《だい》36節《せつ》
アーセナルvsブライトン
後半《こうはん》29分《ふん》

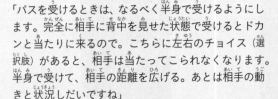

1

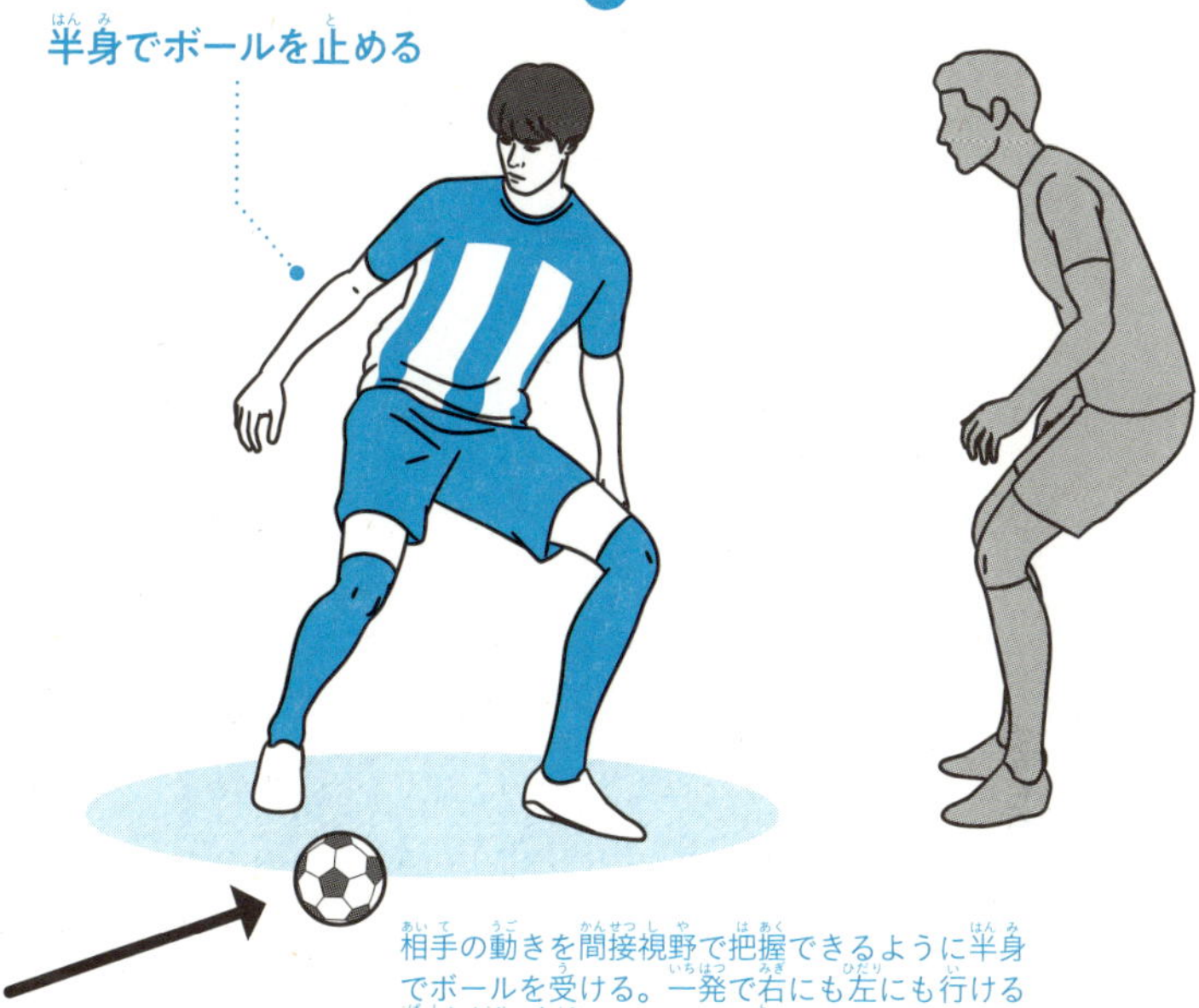

相手《あいて》の動《うご》きを間接視野《かんせつしや》で把握《はあく》できるように半身《はんみ》でボールを受《う》ける。一発《いちはつ》で右《みぎ》にも左《ひだり》にも行《い》ける場所《ばしょ》（体《からだ》の真下《ました》）にボールを止《と》める

2

受《う》けたあともボールは体《からだ》の真下《ました》に置《お》き、右《みぎ》にも左《ひだり》にも行《い》ける体勢《たいせい》で仕掛《しか》ける

三《み》笘《とま》劇場《げきじょう》 | 再現《さいげん》シーン 15

相手《あいて》を止《と》めて抜《ぬ》く

MITOMA'S COMMENT

「いったん縦《たて》へ行《い》くように見《み》せておいて、相手《あいて》の動《うご》きを止《と》めています。サイドの選手《せんしゅ》がよくやる持《も》ち方《かた》ですね。DFが手《て》を出《だ》していますが、それをよけながら相手《あいて》の左足《ひだりあし》が届《とど》かない場所《ばしょ》へボールを出《だ》しました。キープもできるし、抜《ぬ》くこともできる場《ば》所《しょ》です。相手《あいて》を止《と》めて間合《まあ》いを作《つく》れているので、相《あい》手《て》しだいで変化《へんか》できる状態《じょうたい》です」

後方《こうほう》のダンクからのパスを戻《もど》りながら受《う》けようとすると相手《あいて》が寄《よ》せてくる。それを半身《はんみ》で確認《かくにん》した三《み》笘《とま》はボールが届《とど》く直前《ちょくぜん》にそのまま縦《たて》に流《なが》して抜《ぬ》いていくようなステップを見《み》せる。これで相手《あいて》は止《と》まり、縦《たて》を警戒《けいかい》する重心《じゅうしん》に。その瞬《しゅん》間《かん》にボールを止《と》めて中《なか》に運《はこ》ぶ。追《お》いかけてくるDFを振《ふ》り切《き》り前線《ぜんせん》にスルーパスを送《おく》った

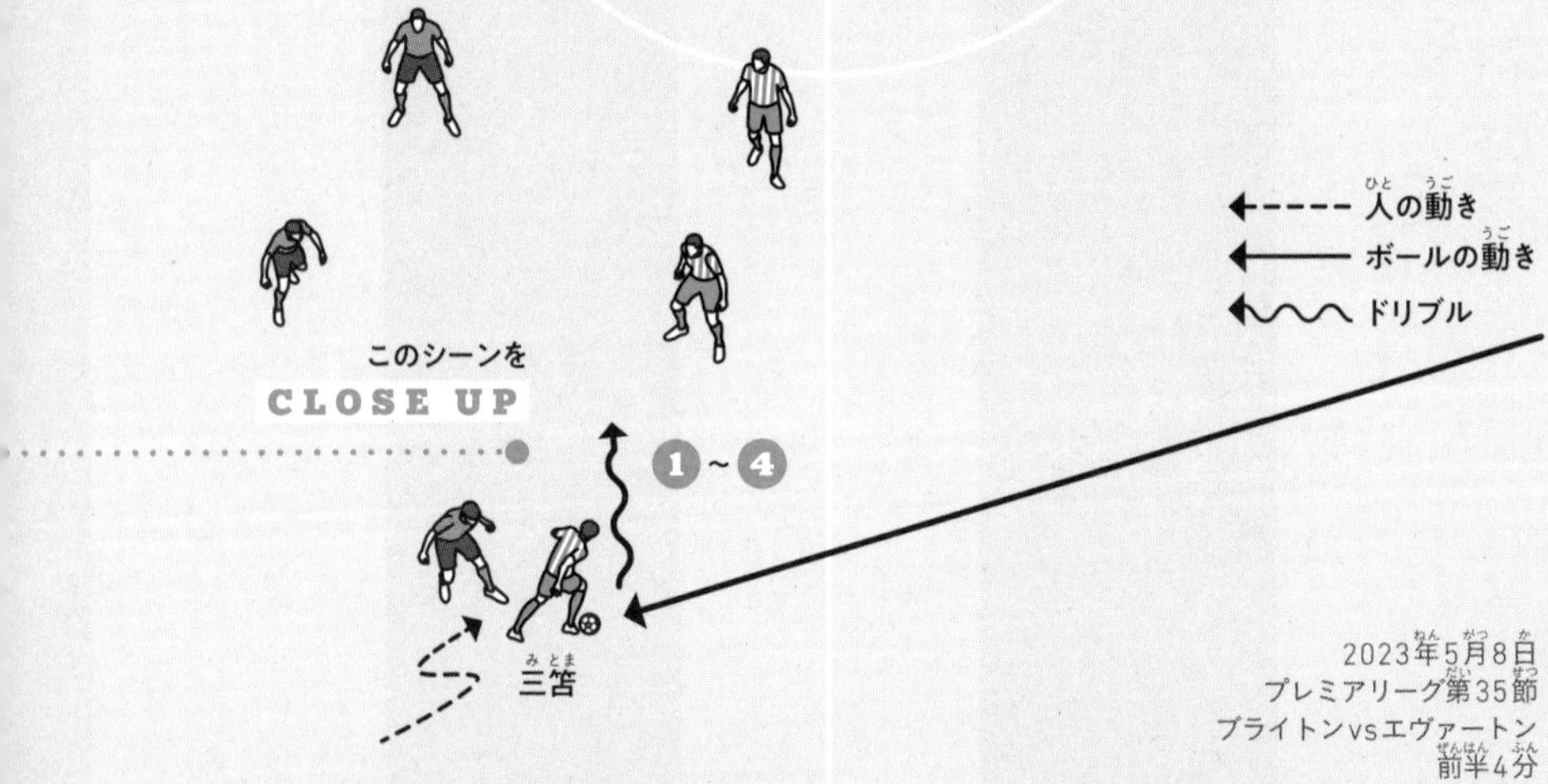

2023年《ねん》5月《がつ》8日《か》
プレミアリーグ第《だい》35節《せつ》
ブライトンvsエヴァートン
前半《ぜんはん》4分《ふん》

1

縦《たて》に行《い》くように見《み》せる

後方《こうほう》からのボールが届《とど》く直前《ちょくぜん》にそのまま縦《たて》に行《い》くようなステップを見《み》せて、相手《あいて》に縦《たて》を意識《いしき》させる

2

ボールを止《と》めて相手《あいて》も止《と》める

寄《よ》せてくる動《うご》きを止《と》め、縦《たて》への突《とっ》破《ぱ》を警戒《けいかい》して重心《じゅうしん》を右《みぎ》に置《お》くDF。その瞬間《しゅんかん》にボールを止《と》めて相手《あいて》との間《ま》合《あ》いを確保《かくほ》する三笘《みとま》

3

中《なか》へ持《も》ち出《だ》す

相手《あいて》の足《あし》が届《とど》かない場所《ばしょ》にボールを出《だ》して運《はこ》ぶ三笘《みとま》。DFが慌《あわ》てて詰《つ》めてくるも一度《いちど》縦《たて》に振《ふ》ったことで相手《あいて》の反応《はんのう》が遅《おく》れているのでそのまま抜《ぬ》きにかかる

4

抜《ぬ》いて振《ふ》り切《き》る

間《ま》合《あ》いを作《つく》りDFの足《あし》が届《とど》かない位置《いち》でボールを運《はこ》んでいるので、相手《あいて》の反応《はんのう》が速《はや》くて抜《ぬ》くのが難《むずか》しいと判断《はんだん》すればキープにも入《はい》れた

通《とお》り抜《ぬ》けトラップ

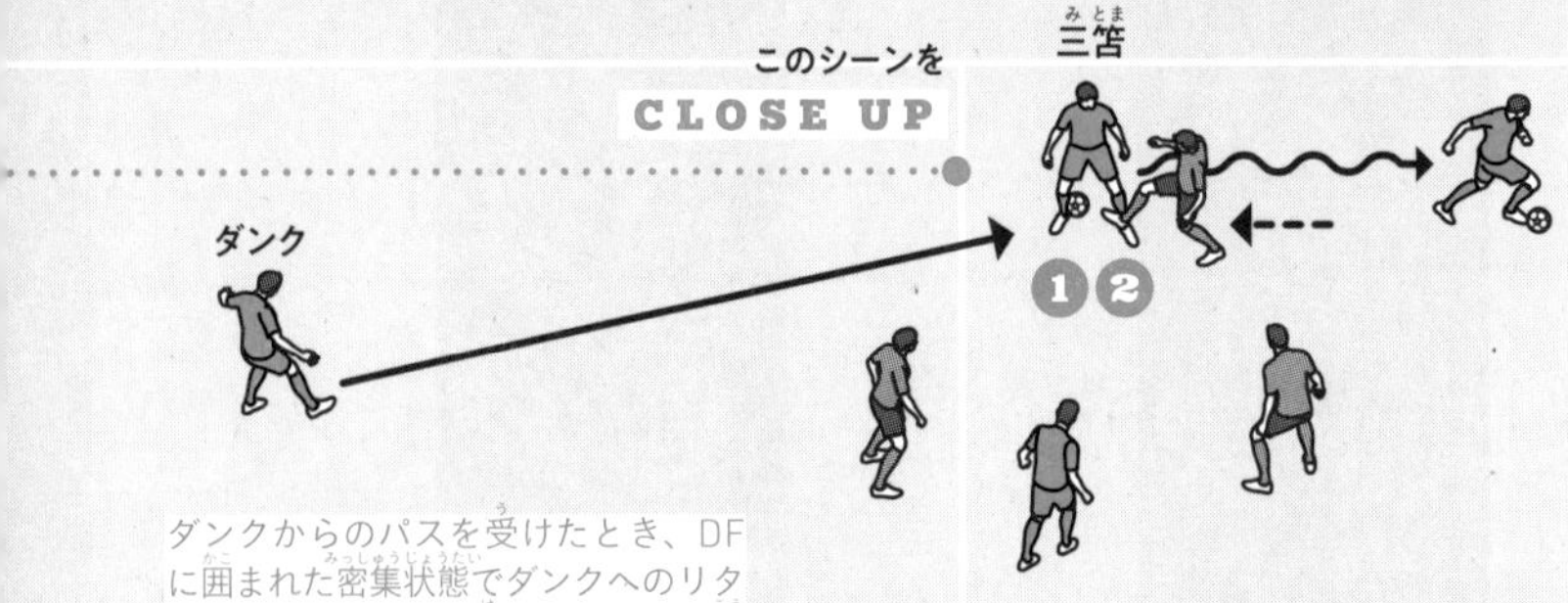

ダンクからのパスを受《う》けたとき、DFに囲《かこ》まれた密集状態《みっしゅうじょうたい》でダンクへのリターンパスのコースも消《け》されていた。後《こう》方《ほう》からはDFが接近《せっきん》しており、ボールを止《と》めた瞬間《しゅんかん》に体《からだ》がぶつかり合《あ》う。ボールを後方《こうほう》に逃《に》がして難《なん》を逃《のが》れたが、事前《じぜん》にDF後方《こうほう》にスペースがあることを把握《はあく》していたことで選択《せんたく》できた緊急《きんきゅう》回避策《かいひさく》だった

MITOMA'S COMMENT

「左足《ひだりあし》でボールを止《と》めたときに、相手《あいて》の右足《みぎあし》が出《で》てきていました。相手《あいて》の右足《みぎあし》が伸《の》びてきて、2タッチ目《め》の自《じ》分《ぶん》の右足《みぎあし》と重《かさ》なった。相手《あいて》の背後《はいご》にスペースがあるのはわかっていたので、とっさに立《た》ち足《あし》（左足《ひだりあし》）のカカトの後《うし》ろにボールを通《とお》して抜《ぬ》けていきました。ただ、このシーンは緊急回避《きんきゅうかいひ》ですね。最後《さいご》は球際《たまぎわ》で押《お》し切《き》った格好《かっこう》ですけど、先手《せんて》をとった状況《じょうきょう》ではなかった。こちらがボールを動《うご》かして距離《きょり》をとれる感《かん》じではなく、トラップするしかなかったのでガシャッとなってしまった。これはこれで上手《うま》くいっていますけど、最初《さいしょ》の選《せん》択肢《たくし》にワンタッチパスを持《も》っていなかったために苦《くる》しくなった例《れい》でもありますね。味方《みかた》にリターンすることも考《かんが》えたのですが、かなり密集《みっしゅう》になっていた。背後《はいご》のスペースが見《み》えていたので抜《ぬ》きにいきましたけど、リスクのある抜《ぬ》き方《かた》だったとは思《おも》います」

人《ひと》の動《うご》き
ボールの動《うご》き
ドリブル

2023年《ねん》3月《がつ》11日《にち》
プレミアリーグ第《だい》27節《せつ》
リーズvsブライトン
後半《こうはん》14分《ふん》

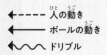

❶

**左足《ひだりあし》で止《と》めた瞬間《しゅんかん》、
絶体《ぜったい》絶命《ぜつめい》**

密集《みっしゅう》状態《じょうたい》でパスを受《う》けたとき、すでに後方《こうほう》からDFが接近《せっきん》しておりボールの出《だ》しどころもない状況《じょうきょう》だった

❷

**体《からだ》の真下《ました》に
ボールを置《お》く**

背後《はいご》からボールを奪《うば》おうと右足《みぎあし》を出《だ》してくるDFを回《かい》避《ひ》するため、カカトで後方《こうほう》にボールを逃《に》がして回避《かいひ》。もつれながらもDFをかわして縦《たて》に突破《とっぱ》していく

股《また》抜《ぬ》きトラップ

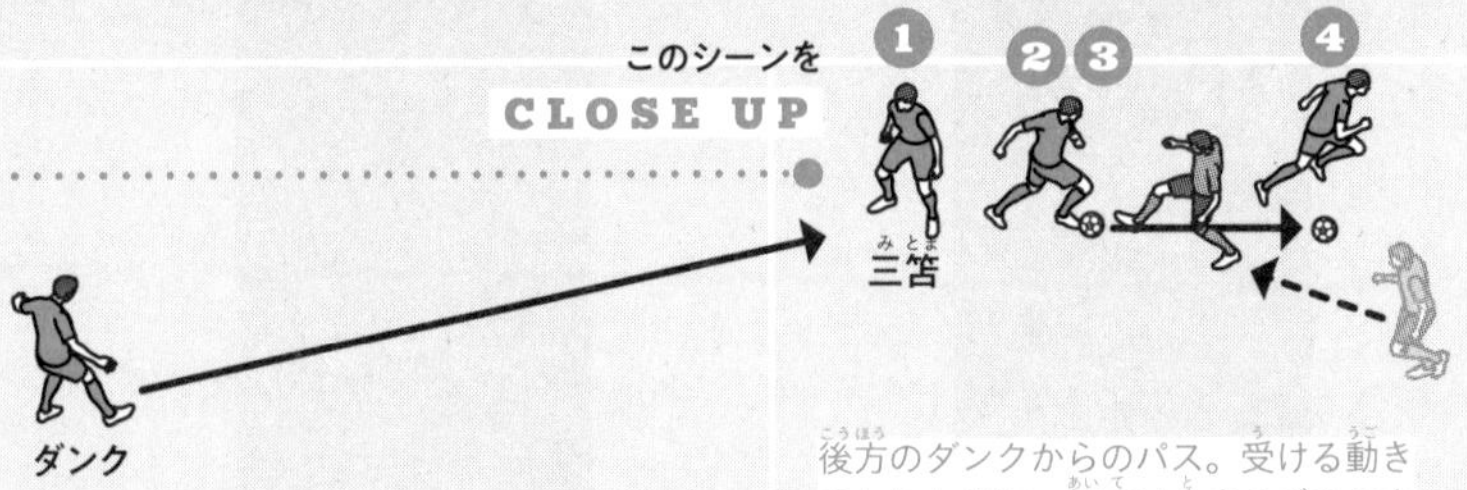

後方《こうほう》のダンクからのパス。受《う》ける動《うご》きをしたときに、相手《あいて》は止《と》まらずそのまま寄《よ》せてくる。半身《はんみ》でそれを確認《かくにん》した三笘《みとま》はボールを止《と》めずに、流《なが》すようにタッチして相手《あいて》の股《また》を抜《ぬ》く。タッチした足《あし》の運《はこ》びのまま自分《じぶん》も加速《かそく》することで相手《あいて》を完全《かんぜん》に置《お》き去《さ》りにしてペナルティエリアまで独走《どくそう》した

MITOMA'S COMMENT

「これもよくやる形《かたち》です。ボールを流《なが》してそのまま縦《たて》に抜《ぬ》けることもありますし、このケースのように股《また》を狙《ねら》うこともある。股《また》抜《ぬ》きのときは、ボールへほんの少《すこ》しだけ触《さわ》る感《かん》じです。あまりしっかりタッチしすぎると、たぶん相手《あいて》の左足《ひだりあし》に当《あ》たります。股《また》抜《ぬ》きはタイミングが重要《じゅうよう》。相手《あいて》との距離《きょり》、相手《あいて》の走《はし》るスピードで予測《よそく》して狙《ねら》うので、足《あし》の間《あいだ》を見《み》てボールを通《とお》すというより、足《あし》が開《ひら》くタイミングを狙《ねら》ってそこへ先《さき》にボールを動《うご》かす感《かん》じです」

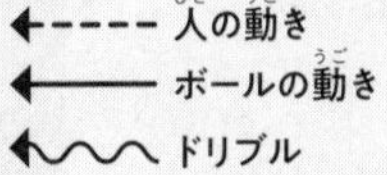

2023年《ねん》3月《がつ》11日《にち》
プレミアリーグ第《だい》27節《せつ》
リーズvsブライトン
後半《こうはん》39分《ふん》

1

半身《はんみ》で受《う》ける動《うご》きで相手《あいて》の動《うご》きを確認《かくにん》

戻《もど》りながらパスを受《う》ける動《うご》きをしてストップしたが、DFはそのまま寄《よ》せてくる

2

ひそかに突破《とっぱ》の体勢《たいせい》をとる

まだボールを止《と》める動《うご》きに見《み》せながら、体《からだ》は左《ひだり》に開《ひら》いて縦《たて》に行《い》けるような体勢《たいせい》にしておく

3

ボールを流《なが》すようにタッチして股抜《またぬ》き

ボールを止《と》めずに、軽《かる》くタッチして相手《あいて》の股《また》を通《とお》す

4

タッチの姿勢《しせい》からそのまま加速《かそく》して抜《ぬ》き去《さ》る

タッチの動《うご》きからそのままの足《あし》の運《はこ》びで無駄《むだ》なく加速《かそく》して相手《あいて》を置《お》き去《ざ》りにする

ライン際《ぎわ》のひとりフリック

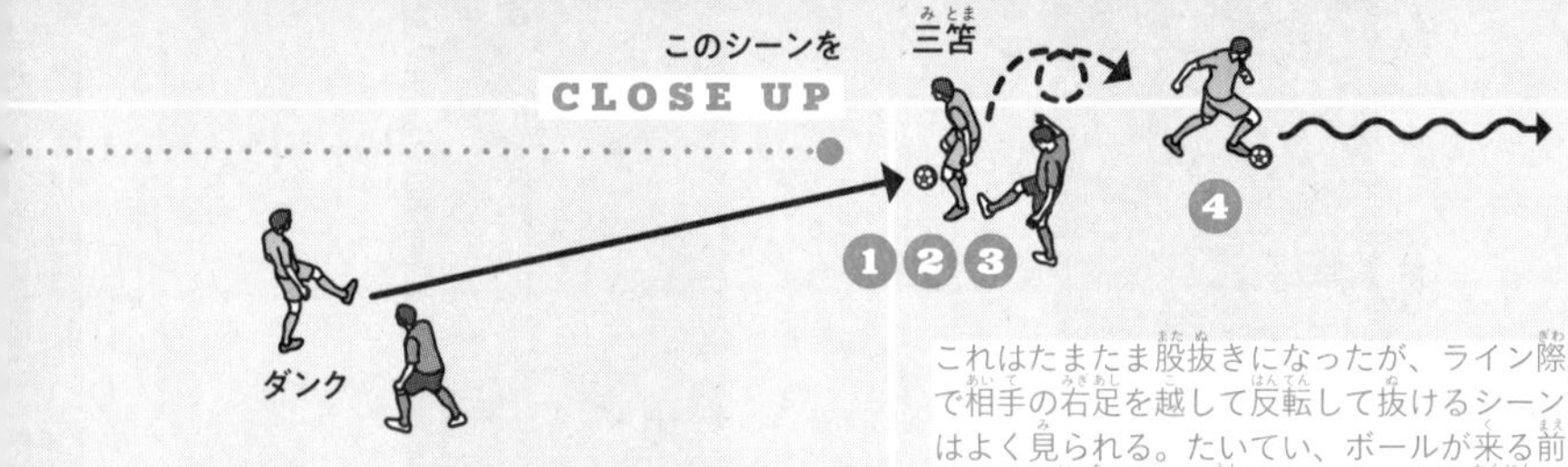

これはたまたま股抜《またぬ》きになったが、ライン際《ぎわ》で相手《あいて》の右足《みぎあし》を越《こ》して反転《はんてん》して抜《ぬ》けるシーンはよく見《み》られる。たいてい、ボールが来《く》る前《まえ》にDFの位置《いち》とその後《うし》ろのスペースを確認《かくにん》したあと、わざと背中《せなか》を向《む》けて相手《あいて》が後方《こうほう》から寄《よ》せてくるように誘《さそ》うことが多《おお》い。DFは基《き》本的《ほんてき》に中《なか》を締《し》めるので、外《そと》(ライン際《きわ》)のスペースは空《あ》いているがそれでもわずかな隙間《すきま》だ。DFもまさかライン際《ぎわ》に反転《はんてん》して抜《ぬ》いてくるとは予想《よそう》できず後手《ごて》に回《まわ》ることが多《おお》い。さながらフリックのような動作《どうさ》で華麗《かれい》な抜《ぬ》き方《かた》だ

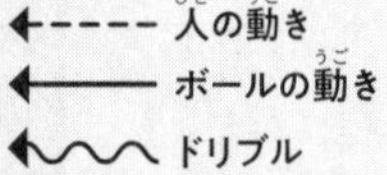

MITOMA'S COMMENT

「これも股抜《またぬ》きですが、たまたまです。寄《よ》せて来《こ》させて、裏《うら》へ抜《ぬ》けようとすると足《あし》が出《で》てくるのでボールを浮《う》かせて右足《みぎあし》の上《うえ》を越《こ》したかったのですが、たまたま股抜《またぬ》きになりました」

2023年《ねん》2月《がつ》11日《にち》
プレミアリーグ第《だい》23節《せつ》
クリスタル・パレスvsブライトン
後半《こうはん》25分《ふん》

1

背中《せなか》を見《み》せて相手《あいて》の寄《よ》せを誘《さそ》う

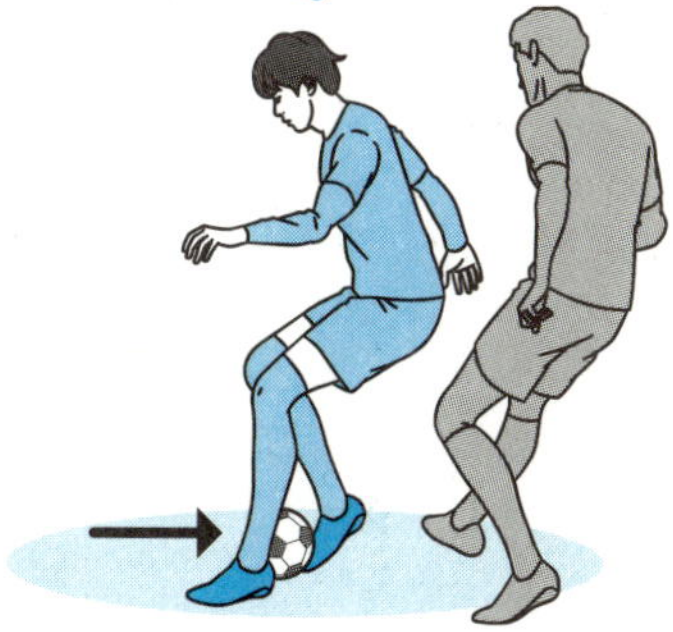

背後《はいご》の寄《よ》せに気《き》づいていない雰囲気《ふんいき》でボールを止《と》めるふりをして相手《あいて》の足《あし》を誘《さそ》う

2

後方《こうほう》からのボールをタッチして浮《う》かせる

ボールの下《した》を軽《かる》くタッチして相手《あいて》の右足《みぎあし》の上《うえ》を越《こ》すように浮《う》かせる（このシーンはたまたま股抜《またぬ》きに）

3

タッチとともに自分《じぶん》も反転《はんてん》

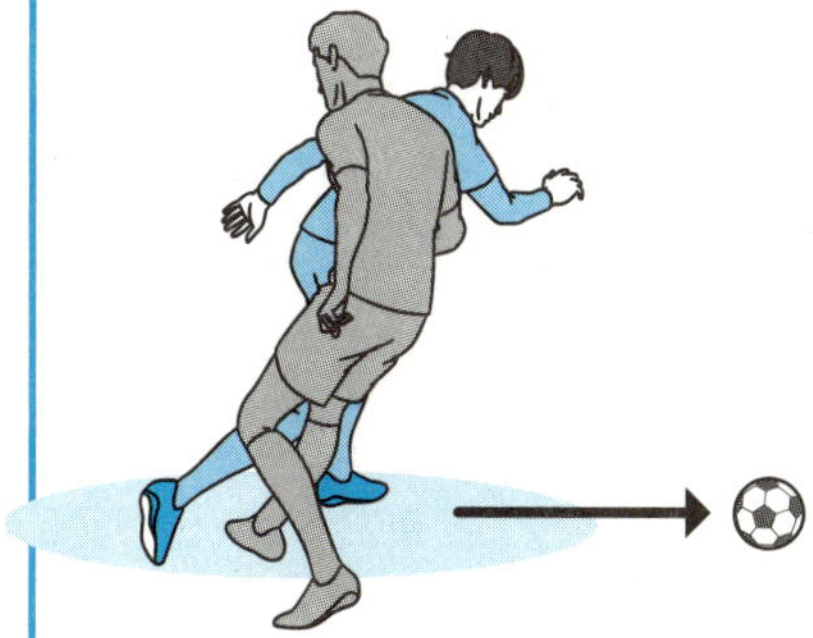

ボールタッチの動《うご》きからそのまま反転《はんてん》して相手《あいて》の裏《うら》に抜《ぬ》ける

4

そのまま加速《かそく》して抜《ぬ》き去《さ》る

意表《いひょう》をつかれて遅《おく》れるDFを置《お》き去《ざ》りにする

サッカーがうまくなる
三笘《みとま》マインド

5

逆算《ぎゃくさん》して考《かんが》える

『VISION　夢《ゆめ》を叶《かな》える逆算思考《ぎゃくさんしこう》』（双葉社《ふたばしゃ》）でも書《か》きましたが、僕《ぼく》は目標《もくひょう》に対《たい》して逆算《ぎゃくさん》して考《かんが》えることで成長《せいちょう》してきた実感《じっかん》があります。

川崎《かわさき》フロンターレのU-12に所属《しょぞく》していたころ、髙﨑康嗣《たかさきやすし》監督《かんとく》（当《とう》時《じ》）やコーチたちから具体的《ぐたいてき》に目《もく》標《ひょう》を設定《せってい》することを求《もと》められていました。初《はじ》めて目標《もくひょう》シートを書《か》いたのは小学《しょうがく》3年生《ねんせい》の頃《ころ》でしたが、最《さい》初《しょ》は具体的《ぐたいてき》にイメージするのは難《むずか》しかったです。

何歳《なんさい》でプロになるのか。何歳《なんさい》で海外《かいがい》に行《い》くのか。そのためにいつまでに何《なに》をできるようにするのか。この1年《ねん》は何《なに》に取《と》り組《く》むのか。目《もく》標《ひょう》は長期《ちょうき》、中期《ちゅうき》、短期《たんき》に分《わ》けるとより具体的《ぐたいてき》になります。

サッカーノートも毎日《まいにち》書《か》いて、週《しゅう》に一度《いちど》コーチに提出《ていしゅつ》していました。目標《もくひょう》シートとサッカーノートのおかげで、プロ選手《せんしゅ》になるために何《なに》をすべきか、逆算思考《ぎゃくさんしこう》が習慣化《しゅうかんか》されたように思《おも》います。中学《ちゅうがく》・高校《こうこう》と年齢《ねんれい》が上《あ》がるにつれて目標《もくひょう》は現《げん》実的《じつてき》になっていきました。大学入《だいがくにゅう》学時《がくじ》は「4年後《ねんご》にフロンターレで即戦力《そくせんりょく》になる」から逆算《ぎゃくさん》して考《かんが》えるようになりました。

自分《じぶん》がなりたい姿《すがた》を具体的《ぐたいてき》にイメージする。そのために何《なに》をするべきか考《かんが》え、実行《じっこう》する。それを愚《ぐ》直《ちょく》にやり続《つづ》けてきたからこそ今《いま》の自分《じぶん》があると思《おも》っています。

CHAPTER

6

フィニッシュのアイデア

ゴールやアシストという数字《すうじ》での結果《けっか》にこだわり続《つづ》けてきた三笘《みとま》は、シュートやクロスボールのアイデアや技術《ぎじゅつ》を磨《みが》き続《つづ》けている。特筆《とくひつ》すべきは相手《あいて》と味方《みかた》を非常《ひじょう》によく観察《かんさつ》している点《てん》だ。それにより状況《じょうきょう》に応《おう》じたフィニッシュワークを実行《じっこう》できている。無限《むげん》に広《ひろ》がる引《ひ》き出《だ》しの中《なか》をのぞいてみよう。

LESSON 12

ファーサイドへのクロスボール

駆《か》け引《ひ》きとしても使《つか》えるクロスボール

三笘《みとま》の縦《たて》へのドリブルはすでに知《し》れ渡《わた》っているので相手《あいて》も当然警戒《とうぜんけいかい》してくる。そこでカットインのコースが空《あ》きやすくなるわけだが、それに伴《ともな》って右側《みぎがわ》へボールを運《はこ》びながらのクロスボールも増《ふ》えてきている。

三笘《みとま》はプレーの「舞台《ぶたい》」を設定《せってい》するのが上手《うま》い。縦《たて》かカットインか、カットインからシュートかクロスか。カバーリングの位置《いち》も見極《みきわ》めながらプレーを選択《せんたく》していくという。

——縦《たて》への突破《とっぱ》が警戒《けいかい》されているので、カットインからのクロスボールが増《ふ》えている印象《いんしょう》があります。

三笘《みとま》　クロスボールは蹴《け》ろうと思《おも》えばいつでも蹴《け》れます。簡単《かんたん》にクロスを上《あ》げるのもいいですが、抜《ぬ》き切《き》りたい気持《きも》ちはあります。ただ、試合《しあい》全体《ぜんたい》の駆《か》け引《ひ》きとして、最初《さいしょ》にクロスを蹴《け》っておくことはあります。1回簡単《かいかんたん》に蹴《け》られてしまうと、相手《あいて》も次《つぎ》から対応《たいおう》が変《か》わってくるからです。クロスと見《み》せて切《き》り返《かえ》し、それでどれぐらい詰《つ》めてくるかを探《さぐ》ることもあります。

MITOMA'S VOICE

カットイン、クロスボール、シュートなど縦《たて》への突破《とっぱ》以《い》外《がい》の選択肢《せんたくし》を見《み》せることで相手《あいて》に的《まと》を絞《しぼ》らせないことが大事《だいじ》です

カットインからのクロス

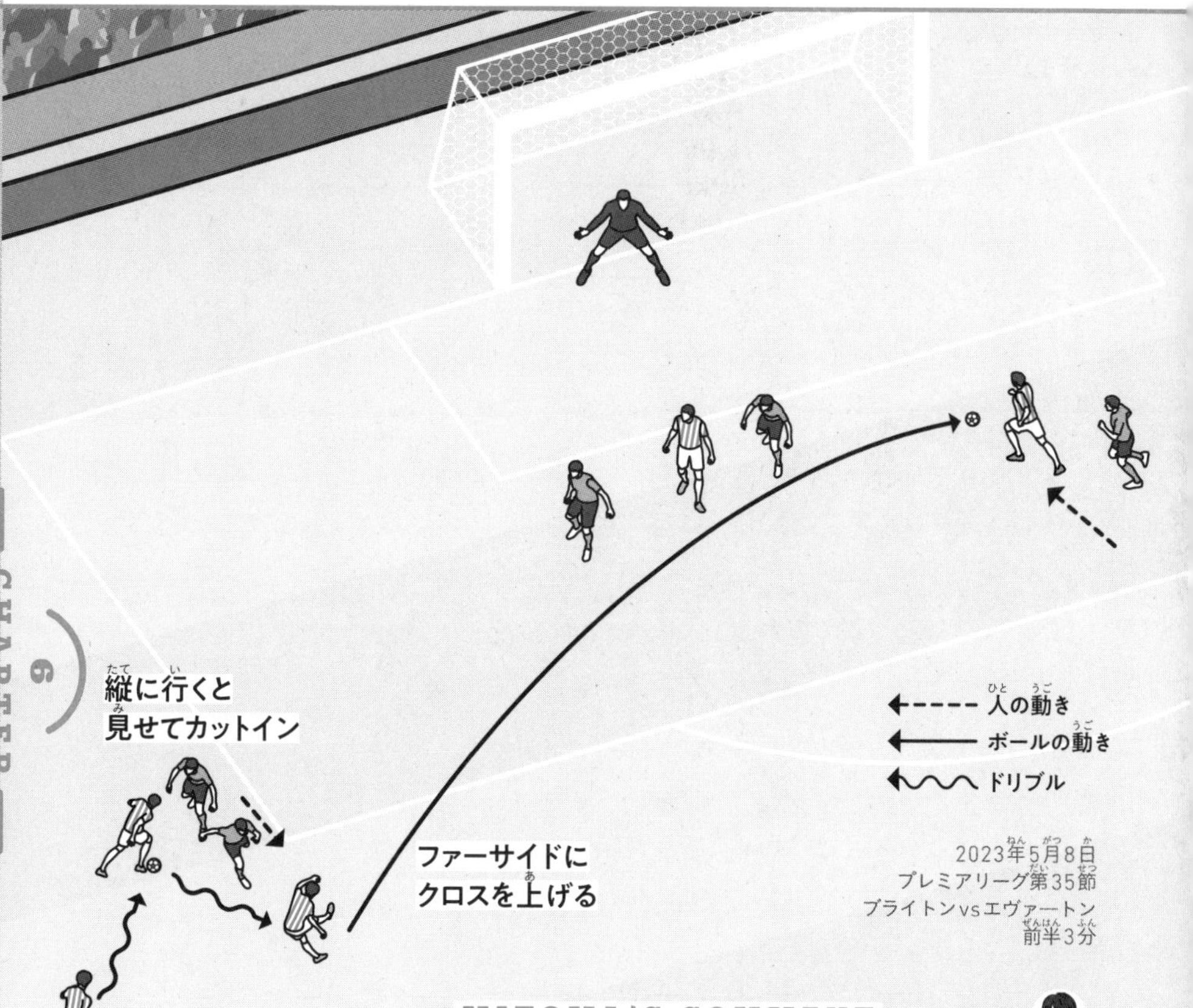

MITOMA'S COMMENT

「カットインからファーへクロスを蹴《け》っています。狙《ねら》っているのはゴールエリアの角《かど》です。（デ・ゼルビ監督時代《かんとくじだい》の）ブライトンの場合《ばあい》、ここへ入《はい》っていくのが約束事《やくそくごと》になっていたので、狙《ねら》うのはまずそこになります。ペナルティエリアの角《かど》で仕掛《しか》けて、カットインして元《もと》の場所《ばしょ》に戻《もど》っている感《かん》じですが、ペナ角《かく》から仕掛《しか》けると相手《あいて》は縦《たて》のスペースが空《あ》いていることを認識《にんしき》しているので、中《なか》へのカットインが効《き》きやすい。ドリブルのコースとしては自陣方《じじんほう》向《こう》へ運《はこ》んだほうがクロスの角度《かくど》を作《つく》りやすくなります。ただ、スピードを上《あ》げすぎると難《むずか》しくなるので注意《ちゅうい》が必要《ひつよう》です」

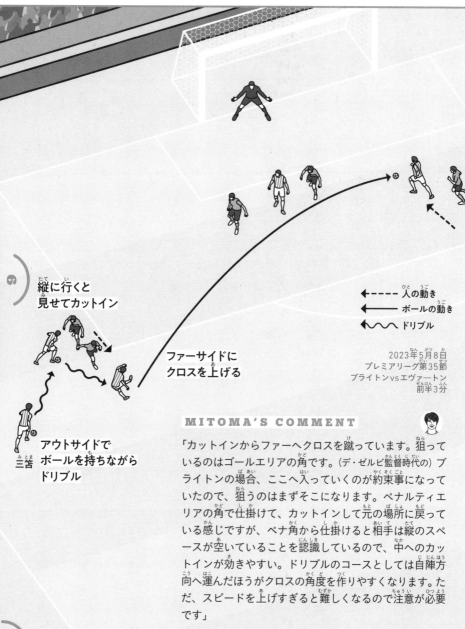

LESSON 13

アウトサイドでのクロスボール

アウトサイドでも多彩《たさい》な蹴《け》り方《かた》

――縦《たて》へ抜《ぬ》いた後《あと》にアウトサイドキックでクロスを蹴《け》ることが多《おお》いですね。

三笘《みとま》　中《なか》の味方《みかた》とのタイミングやゴールラインまでの距離《きょり》によって、左《ひだり》足《あし》で蹴《け》るか、右足《みぎあし》のアウトかを決《き》めます。

――蹴《け》り方《かた》はどんな感《かん》じですか。

三笘《みとま》　本当《ほんとう》に余裕《よゆう》がないときはひざ下《した》を振《ふ》ってアウトで蹴《け》る感《かん》じですが、少《すこ》し強《つよ》いボールを蹴《け》るなら、ボールに体《からだ》をかぶせて体重《たいじゅう》を乗《の》せてインパ

3 ボールに体《からだ》をかぶせる

4 ボールを押《お》すように蹴《け》る

POINT
上体《じょうたい》をかぶせて体重《たいじゅう》をしっかり乗《の》せる

上体《じょうたい》をボールにかぶせるように体重《たいじゅう》を乗《の》せる

目標《もくひょう》の方向《ほうこう》にボールを押《お》すように足《あし》を振《ふ》り抜《ぬ》く

クトします。浮《う》き球《だま》を蹴《け》るときは、足《あし》の振《ふ》り方《かた》は逆《ぎゃく》ですね。グラウンダーなら目標《もくひょう》の方向《ほうこう》に足《あし》を振《ふ》りますが【図32】、浮《う》かせるなら自分《じぶん》の左方向《ひだりほうこう》へ振《ふ》ってボールをカットする蹴《け》り方《かた》になります【図33】。

図《ず》32 アウトサイドでのグラウンダーのクロス

1 縦《たて》に運《はこ》ぶ

アウトサイドで縦《たて》に運《はこ》ぶ

2 運《はこ》びながら蹴《け》る体勢《たいせい》に

中《なか》の様子《ようす》を見《み》て蹴《け》る動《うご》きに入《はい》る

3

ボール横《よこ》に軸《じく》足《あし》を踏《ふ》み込《こ》む

グラウンダーのときより
ボールの横《よこ》に軸《じく》足《あし》を置《お》く

MITOMA'S VOICE

浮《う》き球《だま》を蹴《け》るときは自分《じぶん》の
左方向《ひだりほうこう》へ足《あし》を振《ふ》ってボール
をカットするような蹴《け》り方《かた》
になります

足首《あしくび》をやや寝《ね》かせて右《みぎ》
足《あし》の小《こ》指《ゆび》あたりでボー
ルをインパクト

6

ボールを蹴《け》り上《あ》げる

ボールをこするように
蹴《け》り上《あ》げる

図《ず》33 アウトサイドでの浮《う》き球《だま》のクロス

1 縦《たて》に運《はこ》ぶ

アウトサイドで縦《たて》に運《はこ》ぶ

2 運《はこ》びながら蹴《け》る体勢《たいせい》に

中《なか》の様子《ようす》を見《み》て蹴《け》る動《うご》きに入《はい》る

4 ボールに体《からだ》をかぶせる

上体《じょうたい》をボールにかぶせるように体重《たいじゅう》を乗《の》せる

5 自分《じぶん》の左方向《ひだりほうこう》に足《あし》を振《ふ》る

グラウンダーのときとは違《ちが》い自分《じぶん》の左方向《ひだりほうこう》に足《あし》を振《ふ》る

LESSON 14

シュートのアイデア

フィニッシュまでの道《みち》のりを作《つく》る

　左《ひだり》サイドでプレーする三《み》笘《とま》はカットインからのシュートが多《おお》いが、縦《たて》へ抜《ぬ》け出《だ》してからの左足《ひだりあし》のシュート、タイミングのいいジャンプからのへディングも身《み》につけ、多彩《たさい》なシュートがある。複数《ふくすう》の相手《あいて》をかわしてのドリブルシュートも魅力《みりょく》。ここでは、少《すこ》し変《か》わったシュートの実例《じつれい》とともに、シュートへ持《も》っていくまでの三《み》笘《とま》のアイデアについて紹介《しょうかい》する。

1

飛《と》び込《こ》ませずに縦《たて》に突破《とっぱ》

右足《みぎあし》アウトで引《ひ》きずるようにボールを運《はこ》び、縦《たて》にも中《なか》にも行《い》ける体勢《たいせい》をキープする。ワンビサカは間《ま》合《あ》いを詰《つ》めずに並走《へいそう》してくる

2

縦《たて》に抜《ぬ》け出《だ》してシュート

間《ま》合《あ》いを詰《つ》めないワンビサカはシュートコースを空《あ》けている。右足《みぎあし》トゥキックでシュートを狙《ねら》う

シンプルな縦突破《たてとっぱ》からのシュート

三笘《みとま》との間合《まあ》いを大《おお》きく空《あ》けて対応《たいおう》してきたワンビサカ。ずっと並走《へいそう》してきたので、そのまま縦《たて》に運《はこ》んでトゥキックでシュートを放《はな》った

←---- 人《ひと》の動《うご》き
←—— ボールの動《うご》き
←〜〜 ドリブル

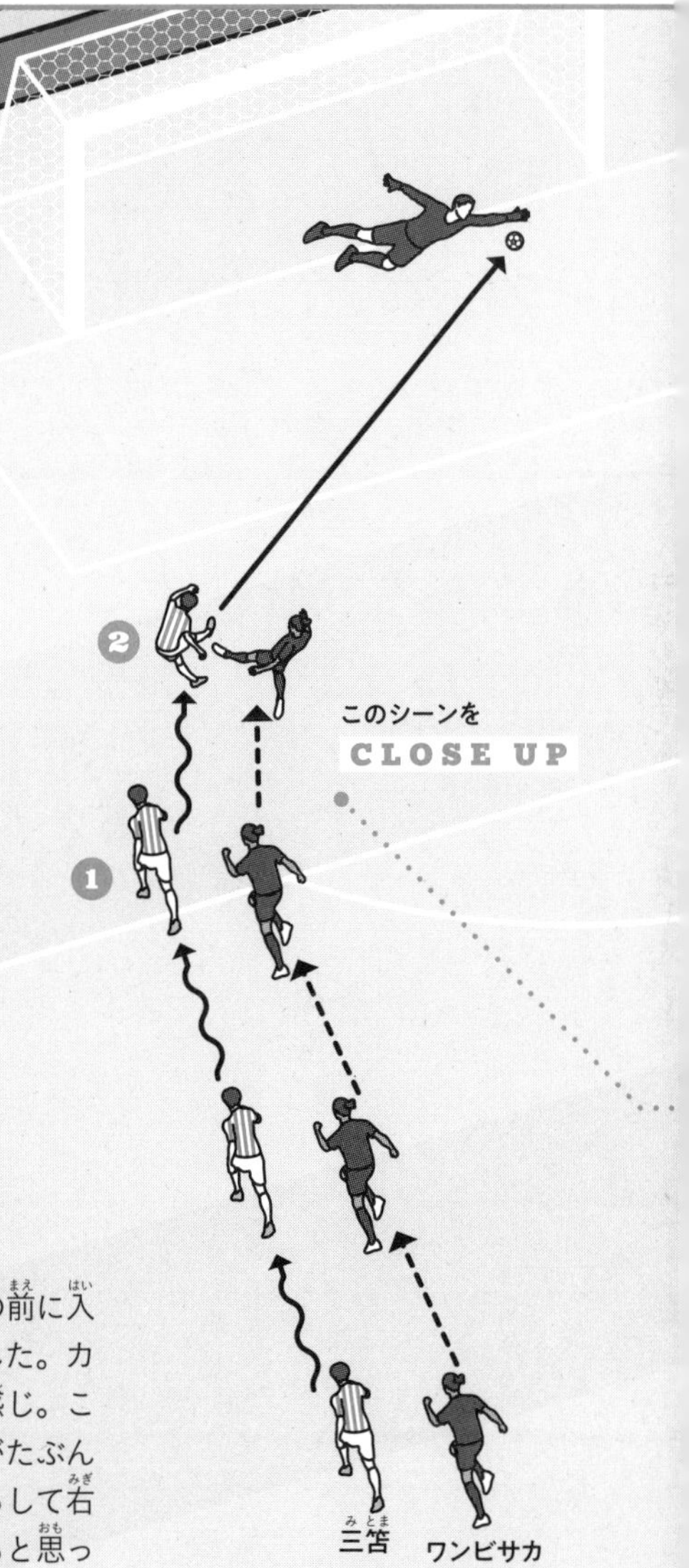

2023年《ねん》5月《がつ》4日《か》
プレミアリーグ第《だい》28節《せつ》
ブライトンvs
マンチェスター・ユナイテッド
後半《こうはん》12分《ふん》

MITOMA'S COMMENT

「この場面《ばめん》では、ワンビサカ選手《せんしゅ》がもっと自分《じぶん》の前《まえ》に入《はい》ってくると思《おも》ったのですが、ずっと横《よこ》にいました。カットインが嫌《いや》だったのか、意識的《いしきてき》に横《よこ》にいる感《かん》じ。これなら縦《たて》へ行《い》けるので、運《はこ》んで左足《ひだりあし》で打《う》つのがたぶんベストだったと思《おも》いますが、タイミングをずらして右《みぎ》足《あし》のトゥキックにしました。トゥで決《き》められると思《おも》ったのですが、少《すこ》し下《した》を蹴《け》りすぎましたね。リーチのあるDFなので、その圧《あつ》もあってこのまま打《う》ったほうがいいと感《かん》じたのですが、この位置《いち》ならもう1つ左《ひだり》へ行《い》って左足《ひだりあし》がベストでしたね」

三笘劇場《みとまげきじょう》｜再現《さいげん》シーン 21

空中《くうちゅう》Wタッチシュート

MITOMA'S COMMENT

「最初《さいしょ》にシュートを打《う》てるところへ持《も》っていけたのが大《おお》きかった。止《と》まってしまうと寄《よ》せられてシュートコースがなくなってしまいますからね。最初《さいしょ》のコントロールでシュート体勢《たいせい》になれば、相手《あいて》も飛《と》び込《こ》まざるをえない。ここではもう来《く》るだろうと思《おも》って切《き》り返《かえ》しています。ボールを浮《う》かしてコントロールしていますけど、トラップは基本《きほん》どこにでも置《お》けます。相手《あいて》が2、3人《にん》いるのですが、こういうケースで1人目《ひとりめ》が飛《と》び込《こ》むと、その後《うし》ろの選手《せんしゅ》は『自分《じぶん》じゃない』と思《おも》って止《と》まってしまうことが多《おお》い。それで少《すこ》しずつ動作《どうさ》が遅《おそ》くなる傾向《けいこう》があります。だからまず相手《あいて》を決《き》めています。1人《ひとり》ずつ相手《あいて》にしていって、例《たと》えば1対《たい》2なら、2つの1対《たい》1に分解《ぶんかい》します。自分《じぶん》が守《まも》っているときもそうなのですが、2人《ふたり》いれば大丈夫《だいじょうぶ》だと思《おも》ってしまうところがある。それで、逆《ぎゃく》に1対《たい》2の方《ほう》がプレッシャーが弱《よわ》くなって抜《ぬ》きやすくなったりもするんです。目《め》の前《まえ》の相手《あいて》だけでなく、その後《うし》ろも騙《だま》す。体《からだ》の向《む》きとかで。基本《きほん》、顔《かお》を上《あ》げることは大事《だいじ》ですね」

2023年《ねん》1月《がつ》29日《にち》
FAカップ4回戦《かいせん》
ブライトンvsリヴァプール
後半《こうはん》45＋2分《ふん》

← - - - - 人《ひと》の動《うご》き
←―――― ボールの動《うご》き
←〜〜〜 ドリブル

FAカップ4回戦《かいせん》のリヴァプール戦《せん》、1-1で迎《むか》えた後半《こうはん》アディショナルタイムに三笘《みとま》が決《き》めた劇的《げきてき》な逆転《ぎゃくてん》ゴール。エストゥピニャンからの折《お》り返《かえ》しを下《さ》がりながらアウトでタッチしてボールを浮《う》かせる。すかさずボレーシュートの体勢《たいせい》でキックモーションを見《み》せるとDFが1人《ひとり》飛《と》び込《こ》んできたので、もう一度《いちど》ボールを浮《う》かせてかわす。後《うし》ろのDF2人《ふたり》は前《まえ》のDFが飛《と》び込《こ》んでいったので足《あし》を止《と》めて見《み》てしまっている。浮《う》かしたボールが落《お》ち切《き》る前《まえ》にアウトで合《あ》わせたシュートは逆《ぎゃく》サイドのネットに突《つ》き刺《さ》さる。圧巻《あっかん》のスーパーゴールは国内外《こくないがい》で絶賛《ぜっさん》された

このシーンを
CLOSE UP

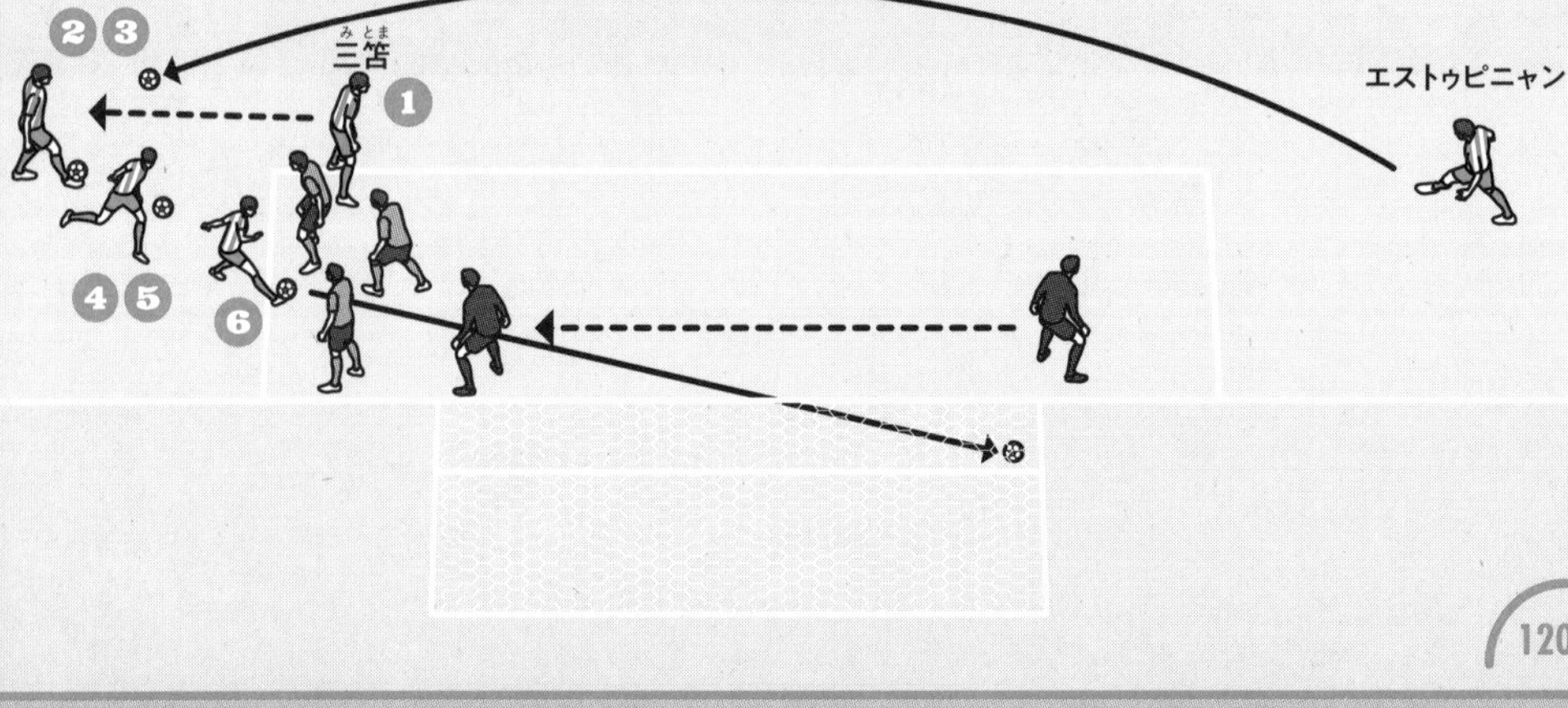

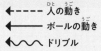

1

DF と味方《みかた》がかぶりボールが流《なが》れてくるが、下《さ》がりながらトラップの体勢《たいせい》を整《ととの》えていた三笘《みとま》

2

ボールを浮《う》かせる

落《お》ちてくるボールの下《した》をアウトでタッチして浮《う》かせる（1回目《かいめ》の空中《くうちゅう》タッチ）

3

シュートモーションに入《はい》る

シュートを防《ふせ》ごうと DF が1人《ひとり》飛《と》び込《こ》んでくる。後《うし》ろの DF2人《ふたり》は見《み》てしまっている

4

思《おも》いきり打《う》つ体勢《たいせい》

シュートをブロックしようと前《まえ》の DF は背《せ》を向《む》ける。後《うし》ろの DF2人《ふたり》はまだ見《み》てしまっている

5

打《う》たずに
浮《う》かせる

シュートは打《う》たずにもう一度《いちど》ボールを浮《う》かせる（2回目《かいめ》の空中《くうちゅう》タッチ）。キックフェイントにひっかかり前《まえ》の DF は完全《かんぜん》に背《せ》を向《む》けてしまう

6

アウトで素早《すばや》く
打《う》つ

ボールが落《お》ち切《き》る前《まえ》にアウトサイドで押《お》し込《こ》むようにシュート。GK もタイミングを外《はず》され反応《はんのう》できなかった

1対《たい》1に分解《ぶんかい》して抜《ぬ》く

MITOMA'S COMMENT

「これも1対《たい》1に分解《ぶんかい》しています。DF2人《ふたり》の中間《ちゅうかん》でパスを受《う》けて、そのまま中間《ちゅうかん》を通過《つうか》しようとすると挟《はさ》まれるので、いったん手前《てまえ》の選手《せんしゅ》の方《ほう》へ向《む》かって、止《と》まらせてから外《はず》しました。そして次《つぎ》のDFが出《で》てきたところでワンツー。ぎりぎりでしたけど、これも1対《たい》1に分解《ぶんかい》して1人《ひとり》ずつ相手《あいて》にしていくやり方《かた》ですね。1人《ひとり》ひとりに複数《ふくすう》の選択肢《せんたくし》を見《み》せていく。最後《さいご》のキックフェイントのときはシュートを打《う》てたけれども、ここまで食《く》いついてくると抜《ぬ》きたくなってしまいます（笑）。道《みち》を開《あ》けるために1つずつ突破《とっぱ》していきます。正面《しょうめん》に入《はい》ると食《く》いついてくる。自分《じぶん》から方向《ほうこう》を決《き》めてしまうとコースを限定《げんてい》してくるので、左右《さゆう》どちらにも行《い》ける状況《じょうきょう》にします。スピードが落《お》ちたときは、そういう状況設定《じょうきょうせってい》をしないと限定《げんてい》されてしまいますから。どちらに行《い》くかわからせなければ、常《つね》に主導権《しゅどうけん》を握《にぎ》れます。わからなくなると相手《あいて》は止《と》まるしかないので、その間《あいだ》に考《かんが》えられるし、見《み》ることができます」

前《まえ》と後《うし》ろからDFが寄《よ》せてきて挟《はさ》みうちかと思《おも》いきや、三笘《みとま》は手前《てまえ》の選手《せんしゅ》に寄《よ》っていくことで動《うご》きを止《と》めて抜《ぬ》き去《さ》る。カバーにきたDFには複数《ふくすう》の選択肢《せんたくし》を見《み》せて主導権《しゅどうけん》を握《にぎ》りながら次々《つぎつぎ》とかわしていき、最後《さいご》はペナルティエリアに入《はい》ってシュートを放《はな》つ。相手《あいて》が何人《なんにん》いてもDFを誘導《ゆうどう》することで1対《たい》1を作《つく》り出《だ》し、1人《ひとり》ずつかわしていった

2023年《ねん》1月《がつ》29日《にち》
FAカップ4回戦《かいせん》
ブライトンvsリヴァプール
前半《ぜんはん》

1回目《かいめ》の1対《たい》1

❶ 相手《あいて》を止《と》める

ドリブルで向《む》かっていくことで相手《あいて》の動《うご》きを止《と》める

❷ 止《と》めてから外《はず》す

相手《あいて》が止《と》まった瞬間《しゅんかん》に加速《かそく》して抜《ぬ》いていく

2回目《かいめ》の1対《たい》1

❸ 複数《ふくすう》の選択肢《せんたくし》を見《み》せる

カバーに来《き》たDFに縦《たて》にも中《なか》にも行《い》ける体勢《たいせい》で2つ以上《いじょう》の選択肢《せんたくし》を見《み》せる

❹ パスで外《はず》す

中《なか》を警戒《けいかい》してDFが動《うご》いた瞬間《しゅんかん》に味方《みかた》にパス。すぐにリターンパスをもらえるように前《まえ》に走《はし》る

3回目《かいめ》の1対《たい》1

❺ キックモーションでかわす

リターンパスをダイレクトで打《う》つ姿勢《しせい》を見《み》せるとカバーのDFが飛《と》び込《こ》んでくる

❻ 縦《たて》に切《き》り返《かえ》して突破《とっぱ》

シュートフェイントで縦《たて》に切《き》り返《かえ》してペナルティエリアに侵入《しんにゅう》する

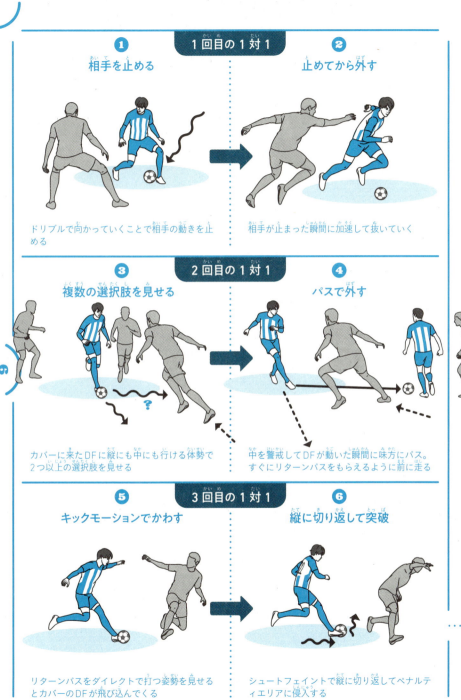

[年表《ねんぴょう》] 三笘薫《みとまかおる》のあゆみ Biography

西暦《せいれき》	年齢《ねんれい》	出来事《できごと》
1997	0歳《さい》	●大分県《おおいたけん》で生《う》まれる。その後《あと》、神奈川県川崎市宮前区《かながわけんかわさきしみやまえく》へ転居《てんきょ》
2000	3歳《さい》	●兄《あに》の影響《えいきょう》でボールを蹴《け》り始《はじ》める
2003	6歳《さい》	●川崎市立鷺沼小学校《かわさきしりつさぎぬましょうがっこう》に入学《にゅうがく》 ●小学生《しょうがくせい》1年時《ねんじ》にさぎぬまSCに加入《かにゅう》
2006	9歳《さい》	●川崎《かわさき》フロンターレU-12のセレクションに合格《ごうかく》。三好康児《みよしこうじ》、板倉滉《いたくらこう》とチームメイトに
2008	11歳《さい》	●第《だい》32回《かい》全日本少年《ぜんにほんしょうねん》サッカー大会《たいかい》でベスト8。7試合《しあい》で3得点《とくてん》。当時《とうじ》のポジションはトップ下《した》 ●国際大会《こくさいたいかい》のダノンネーションズカップに日本代表《にほんだいひょう》として出場《しゅつじょう》（10位《い》）
2009	12歳《さい》	●第《だい》33回《かい》全日本少年《ぜんにほんしょうねん》サッカー大会《たいかい》に2年連続出場《ねんれんぞくしゅつじょう》してベスト4。キャプテンを任《まか》され、ポジションはボランチ。8試合《しあい》2得点《とくてん》 ●ダノンネーションズカップにも2年連続《ねんれんぞく》で出場《しゅつじょう》（4位《い》）
2010	13歳《さい》	●川崎市立有馬中学校《かわさきしりつありまちゅうがっこう》に入学《にゅうがく》。川崎《かわさき》FのU-15に昇格《しょうかく》
2012	15歳《さい》	●全日本《ぜんにほん》ユース（U-15）サッカー選手権《せんしゅけん》に出場《しゅつじょう》
2013	16歳《さい》	●川崎市立橘高校《かわさきしりつたちばなこうこう》に入学《にゅうがく》。川崎《かわさき》FのU-18に昇格《しょうかく》
2015	18歳《さい》	●日本《にほん》クラブユース（U-18）選手権《せんしゅけん》、Jユースカップに出場《しゅつじょう》
2016	19歳《さい》	●川崎《かわさき》Fトップチーム昇格《しょうかく》の話《はなし》を断《ことわ》り、筑波大学《つくばだいがく》に進学《しんがく》
2017	20歳《さい》	●筑波大学《つくばだいがく》が天皇杯《てんのうはい》でベガルタ仙台《せんだい》、アビスパ福岡《ふくおか》といったJクラブをやぶりベスト16。関東大学《かんとうだいがく》リーグ1部《ぶ》で優勝《ゆうしょう》。2年生《ねんせい》でベストイレブンに選出《せんしゅつ》される

2018　21歳《さい》

- 関東大学《かんとうだいがく》リーグ1部《ぶ》で2年連続《ねんれんぞく》ベストイレブン。18試合《しあい》11得点《とくてん》6アシスト

2019　22歳《さい》

- 川崎《かわさき》Fの特別強化指定選手《とくべつきょうかしていせんしゅ》としてルヴァンカップ準々決勝第《じゅんじゅんけっしょうだい》2戦《せん》の名古屋《なごや》グランパスとの試合《しあい》に途中出場《とちゅうしゅつじょう》。プロデビューを飾《かざ》る
- 関東大学《かんとうだいがく》リーグ1部《ぶ》で3年連続《ねんれんぞく》ベストイレブン。17試合《しあい》7得点《とくてん》

2020　23歳《さい》

- 川崎《かわさき》F加入《かにゅう》。開幕戦《かいまくせん》のサガン鳥栖戦《とすせん》に65分《ふん》から出場《しゅつじょう》。J1デビュー
- 第《だい》7節《せつ》の湘南《しょうなん》ベルマーレ戦《せん》でプロ初《はつ》ゴールを記録《きろく》すると、11節《せつ》セレッソ大阪戦《おおさかせん》で公式《こうしき》戦《せん》5試合連続《しあいれんぞく》ゴール
- 新人《しんじん》ながら監督《かんとく》・選手《せんしゅ》による得票最多《とくひょうさいた》でJリーグベストイレブンに選出《せんしゅつ》。13得点《とくてん》（新《しん》人最多記録《じんさいたきろく》タイ）12アシストを記録《きろく》

2021　24歳《さい》

- 東京《とうきょう》オリンピック（U-24サッカー日本代表《にほんだいひょう》）に出場《しゅつじょう》して4位《い》
- イングリッシュ・プレミアリーグのブライトンに移籍《いせき》（ベルギーのサン=ジロワーズに期限《きげん》付《つ》き移籍《いせき》）
- ワールドカップ・カタール大会《たいかい》アジア3次予選《じよせん》で日本代表《にほんだいひょう》に初選出《はつせんしゅつ》される。2022年《ねん》3月《がつ》のオーストラリア代表戦《だいひょうせん》で途中出場《とちゅうしゅつじょう》から2得点《とくてん》を決《き》め、日本《にほん》のワールドカップ出場《しゅつじょう》を大《おお》きくたぐり寄《よ》せる

2022　25歳《さい》

- ブライトンに復帰《ふっき》。第《だい》15節《せつ》のウォルバーハンプトン戦《せん》でプレミア初《はつ》ゴール
- ワールドカップ・カタール大会《たいかい》に出場《しゅつじょう》。スペイン戦《せん》での決勝点《けっしょうてん》アシスト「三笘《みとま》の1ミリ」が話題《わだい》に

2023　26歳《さい》

- FA杯《カップ》4回戦《かいせん》のリヴァプール戦《せん》のアディショナルタイムに空中《くうちゅう》Wタッチの劇的《げきてき》な決勝《けっしょう》点《てん》を決《き》める
- プレミアリーグ日本人最多記録《にほんじんさいたきろく》を更新《こうしん》する7得点《とくてん》を記録《きろく》（公式戦《こうしきせん》10得点《とくてん》7アシスト）

2024　27歳《さい》

- プレミアリーグ第《だい》2節《せつ》ウォルバーハンプトン戦《せん》の4人抜《にんぬ》きゴールがブライトンのシーズンベストゴールに選《えら》ばれ、リーグの年間最優秀《ねんかんさいゆうしゅう》ゴールにノミネートされる

おわりに

本当《ほんとう》に学《まな》ぶべきことは何《なに》か？

12歳《さい》くらいの子供《こども》が将来《しょうらい》プロになれるかどうかは「才能《さいのう》の有無《うむ》で判断《はんだん》する」と聞《き》いたことがあります。この年齢《ねんれい》で表《あらわ》れている才能《さいのう》はほぼ先天的《せんてんてき》なものなので、あとから獲得《かくとく》するのは難《むずか》しいからです。ただ、才能《さいのう》は1つではなくポジションごとに5つあり、そのどれかを持《も》っていればいいという話《はなし》でした。

5つの才能《さいのう》とは、ＧＫの才能《さいのう》、ＣＢの才能《さいのう》、ＭＦの才能《さいのう》、ストライカーの才能《さいのう》、サイドプレーヤーの才能《さいのう》です。

ＧＫはそのままですが、ＣＢは体格《たいかく》と守備能力《しゅびのうりょく》。ＭＦはアイデア。ストライカーは得点能力《とくてんのうりょく》。ウイングやＳＢのサイドプレーヤーは速《はや》さになります。サイドプレーヤーの才能《さいのう》であるスピードは筋繊維《きんせんい》の割合《わりあい》で決《き》まるので最《もっと》も先天的《せんてんてき》な能力《のうりょく》かもしれません。

三笘《みとま》薫《かおる》選手《せんしゅ》のスピードも持《も》って生《う》まれたものでしょう。しかし、才能《さいのう》はプロになれそうかどうかの目安《めやす》にすぎません。才能《さいのう》は伸《の》ばしていかなければなりませんし、得意《とくい》なプレー以外《いがい》もできるようにする必要《ひつよう》もあるでしょう。プロとなれば才能《さいのう》のある人《ひと》の集《あつ》まりですから、それだけでは競争《きょうそう》に勝《か》てません。

三笘選手《みとませんしゅ》はとても速《はや》いのですが、それでも世界一速《せかいいちはや》いというわけではありません。速《はや》さをより効率《こうりつ》よく使《つか》い、ある意味《いみ》より速《はや》く見《み》せる工夫《くふう》を重《かさ》ねてきているのです。この本《ほん》には三笘選手《みとませんしゅ》が才能《さいのう》をどうやって活《い》かしているかの一部《いちぶ》が書《か》かれています。

ただ、三笘選手《みとませんしゅ》の才能《さいのう》と理論《りろん》がすべてではありません。違《ちが》う才能《さいのう》なら、違《ちが》う工夫《くふう》の仕方《しかた》があるはずです。ですから、三笘選手《みとませんしゅ》から学《まな》んでも三笘選手《みとませんしゅ》になれるとはかぎりません。学《まな》ぶべきはその考《かんが》え方《かた》なのだと思《おも》います。三笘選手《みとませんしゅ》そのものになるというより、みなさんそれぞれが自分《じぶん》らしい選手《せんしゅ》になることを目指《めざ》すことが大事《だいじ》なのではないでしょうか。

西部謙司《にしべけんじ》（構成《こうせい》）

三笘《みとま》 薫《かおる》 Kaoru Mitoma

1997年《ねん》5月《がつ》20日《か》生《う》まれ、神奈川県川崎市《かながわけんかわさきし》出身《しゅっしん》。3歳《さい》でサッカーを始《はじ》め、小学《しょうがく》1年生《ねんせい》で地元《じもと》のさぎぬまSCに入《はい》る。3年生《ねんせい》のときに川崎《かわさき》フロンターレU-12のセレクションに合格《ごうかく》。U-18まで所属《しょぞく》し、筑波大学《つくばだいがく》に進学《しんがく》。2020年《ねん》に川崎《かわさき》フロンターレ(J1)に加入《かにゅう》。1年目《ねんめ》にして13得点《とくてん》12アシストを記録《きろく》し、ベストイレブンに選出《せんしゅつ》される。21年《ねん》にイングリッシュ・プレミアリーグのブライトンに移籍《いせき》。サン＝ジロワーズ(ベルギー)への期限付《きげんつ》き移籍《いせき》を経《へ》て、22年《ねん》ブライトンに復帰《ふっき》。リーグ7得点《とくてん》と日本人選手《にほんじんせんしゅ》の最多記録《さいたきろく》を更新《こうしん》。日本代表《にほんだいひょう》として22年《ねん》ワールドカップ・カタール大会《たいかい》に出場《しゅつじょう》。グループリーグのスペイン戦《せん》ではゴールラインぎりぎりのアシストが「三笘《みとま》の1ミリ」として話題《わだい》になった。

サッカー
ドリブル
解剖図鑑《かいぼうずかん》

2025年《ねん》2月《がつ》2日《か》　初版第《しょはんだい》1刷発行《ずりはっこう》

著者《ちょしゃ》　三笘《みとま》　薫《かおる》

発行者《はっこうしゃ》　三輪浩之《みわひろゆき》

発行所《はっこうじょ》　株式会社《かぶしきがいしゃ》エクスナレッジ

〒106-0032

東京都港区六本木《とうきょうとみなとくろっぽんぎ》7-2-26

https://www.xknowledge.co.jp/

問合先《といあわせさき》　編集《へんしゅう》　Tel　03-3403-1381

Fax　03-3403-1345

info@xknowledge.co.jp

販売《はんばい》　Tel　03-3403-1321

Fax　03-3403-1829